Gratwanderung zwischen Vertreibung, Flucht und existentiellen Bedürfnissen

Von

Wolfgang Adomeit

2017 Wolfgang Adomeit

Herstellung und Verlag: BoD-Books on Demand, Norderstedt

ISBN 978-3-7448-3849-8

Inhaltsverzeichnis   Seite

Herkunft

Familienfoto der Hochzeit des Sohnes August von Oma und Opa Schöttke in Zimmerbude, Samland

Im Vordergrund Oma und Opa Schöttke sitzend mit Enkelkindern

Muttis und Papas Hochzeitsbild

Meine Eltern kommen aus Ostpreußen. Meine Mutter
ist in Zimmerbude, Kreis Samland, geboren und
aufgewachsen. Sie war eines von zehn Kindern. In dem
kleinen Fischerdorf Zimmerbude wohnten mehrere
Familien mit Namen Schöttke. Wenn die Leute sich
unterhielten, war es oft schwer, nachzuvollziehen, von
welchem Schöttke die Rede war. Deshalb waren im
Laufe der Zeit Zusatzbezeichnungen entstanden. Mein

Opa hieß Hauptmann Schöttke, dementsprechend nannte man Mutti Hauptmanns Grete.

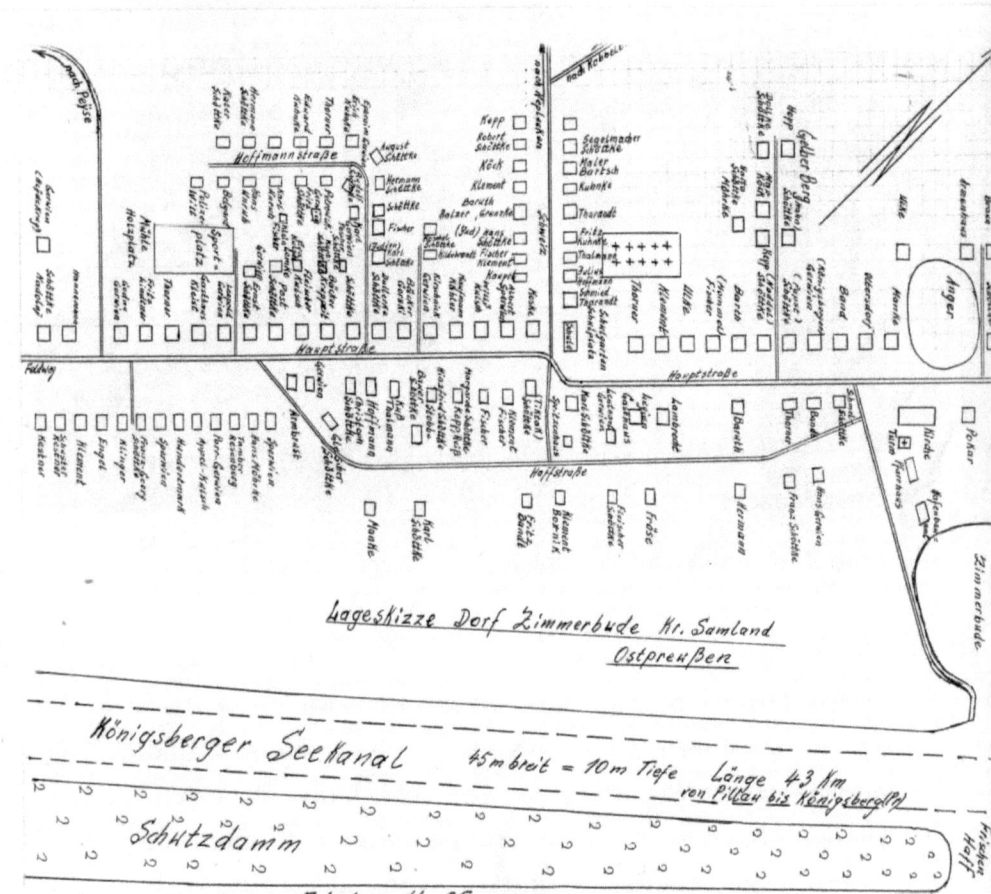

Skizze der Häuser und Bewohner in Zimmerbude

Muttis Vater, mein Opa, war Fischer. Bei Wind und Wetter fuhr er mit seinem Fischerboot auf die Ostsee, das Frische Haff hinaus. Dort legte er Netze aus und holte den Fang von der letzten Nacht ein. Seine sieben Söhne halfen ihm fleißig beim Fischfang. Nachdem der Fisch angelandet war, sortierten sie ihn in Fische zum Verkauf, Fische zum Räuchern und Fische zum Eigenverbrauch. Mit den Fischen, die zum Verkauf vorgesehen waren, zogen Mutti und ihre Geschwister am nächsten Tag frühmorgens mit dem Handwagen los. Beladen mit Schollen, Dorsch, Hering, Aal und selbstgeräucherten Fischen ging es in das nächste Dorf, in dem gerade Markttag war. Meist gingen sie zu Fuß, nur nach Königsberg fuhren sie mit dem Schiff, weil Königsberg einfach zu weit von Zimmerbude entfernt lag. Bis in das nächstgelegene Dorf waren es manchmal mehrere Kilometer zu gehen, ein beschwerlicher Weg. Festes Schuhwerk hatten sie nicht. Die Wege mussten sie in „Holzschlorren" zurücklegen. Holzschlorren sind Holzpantoffel.

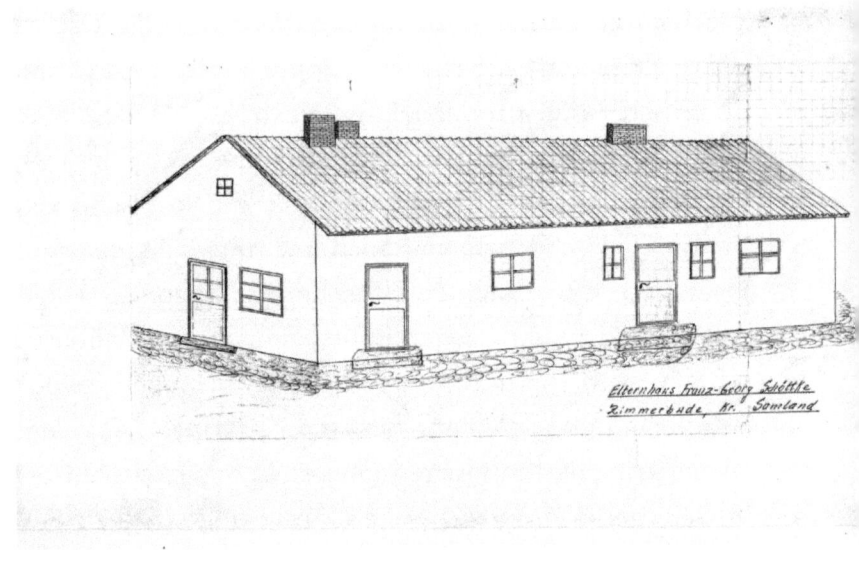

Elternhaus von Franz-Georg Schöttke, Zimmerbude, Kreis Samland

Familie Franz-Georg Schöttke

Stand: 1.12.98

Karoline Schöttke geb. Ottersdorf

Gottfried Schöttke Landwirt Zimmermühle, Ostpr.

Luise Schulz geb. Schöttke geb. 30.11.1859 in Zimmermühle

Wilhelmine Schulz geb. Mehrke

Wilhelm Schulz Kleinfischer Brandenburg, Ostpr.

Friedrich August Schulz geb. 7.9.1859 in Brandenburg

Resina Wilhelmine Maß geb. 18.9.1869 in Peyse, Ostpr.

Martin Maß Fischerwirt Zimmermühle, Ostpr.

August Rudolf Schöttke geb. 24.8.1898 in Peyse, Ostpr.

Barbara Schöttke Magdbesitzer Peyse, Ostpr.

Franz-Georg Schöttke geb. 23.8.1896 in Zimmermühle

Gertrud Caroline Hille Schulz geb. 30.8.88 in Brandenburg, Ostpr. † 17.10.98 in Stocke Moritzlau

	1 Hans	2 August	3 Franz	4 Rudolf	5 Ella	6 Margarete	7 Willi	8 Herta	9 Kurt	10 Bruno
	* 5.4.1907	* 5.9.1909	* 23.3.1912	* 15.9.1943		* 29.11.1918	* 4.10.1921	* 9.11.1923	* 27.9.1928	
	verh. mit	verh. mit	verh. mit	verh. mit		verh. mit	verh. mit	ledig	verh. mit	
	Charlotte Riesenberg	Gertrud Mai	Hedwig Hoffmann	Lucie Burdin		Max Hannrot	Anastine Schmidt		Helga Norkewait	
* 19.7.1968	geb. 30.11.1859	* 27.8.1910	* 22.9.1916		* 22.3.1915	Willi Albrecht	* 12.6.1935	
	Peyse * 22.9.1909	Zimmermühle				* 20.12.1912			

Hans 1945 †
Toni 1975 †

August 1945 vermisst

Franz †

Fritz 1944 †

Hiroshima 26.8.39

Berenabborge Zimmermühle

Manfred 2.3.40

Karl vermisst

Gisela * 11.12.57
Bruno * 10.6.63

Blatt 1

Das Leben im Hause der Familie Schöttke

Auch den Weg zur Schule gingen sie in Holzpantoffeln. Viel Zeit zum Lernen blieb ihnen allerdings nicht. Alle Kinder mussten schon von klein auf zu Hause helfen. Die Jungen vorwiegend bei der Fischerei und der Versorgung der Haustiere, die Mädchen beim Verkauf der Fische und im Haushalt. Während dieser Zeit erwarb Mutti auch die Grundlagen ihrer herausragenden Kochkünste.

Schule zu Zimmerbude.

Klassenfoto, Mutti ist die erste oben rechts

Konfirmation, Mutti ist die erste von links

Wie alle „arischen" Mädchen war Mutti ab 1936 beim Bund der Deutschen Mädel (BDM). Ziel dieser „Zwangsvolksgemeinschaft" war es, durch Ausflüge, gemeinsame Märsche, Tanz und Gymnastik die weibliche Anmut zu fördern und die Mädchen auf ihre spätere Rolle als Frau vorzubereiten.

Mutti als BDM-Mädchen, Mutti ist die Vierte von rechts

Schon vor ihrer BDM-Zeit hatte Mutti, nach der Schulzeit, als sie 16 Jahre alt war, eine Tätigkeit in einem

Haushalt in Königsberg aufgenommen. Dort erhielten ihre Kochkünste den letzten Feinschliff.

In Königsberg sollte sie auch später Papa kennenlernen. Das war Anfang 1938, als Papa schon bei der Marine war. In seiner schmucken Wehrmachtsuniform war er für Mutti unwiderstehlich. Beim Tanzen kamen sie sich näher, und Papa erzählte so manches Mal, dass die Tänzerei, wenn sie in ein Nachbardorf gingen, in eine Schlägerei ausartete. Der Streit ging meist von den jungen Männern des Dorfes aus. Diese wollten nicht, dass Männer aus anderen Dörfern ihnen die Mädchen wegnahmen. Nach dem Motto „Wie pett unsre Höhner selben!" und schon ging die Schlägerei los. Da Papa nicht ängstlich war und auch sehr viel Kraft hatte, ging er keiner Schlägerei aus dem Weg.

Papa wurde als uneheliches Kind am 22. März 1915 in Königsberg geboren. Während dieser Zeit arbeitete seine Mutter, meine Oma Berta, als Näherin in Königsberg. Auch nach der Geburt arbeitete sie dort weiter. Um ihren Sohn kümmerte sie sich nicht viel, den brachte sie zu ihrem Elternhaus in Großbaum. Dort wuchs er zusammen mit den Kindern seiner Tante, Oma Bertas Schwester Auguste auf. Seinen richtigen Vater lernte mein Vater nie kennen. Schon früh musste er auf dem Hof seiner Großeltern mit anpacken, Holzstämme mit dem Pferdegespann aus dem Wald holen und die

Haustiere versorgen. Eigentlich wollte er Schlachter werden, doch leider konnte er die Ausbildung nicht beenden. Als er seine Wehrpflicht absolvieren musste, entschied er sich für die Marine. Am liebsten wäre er zur Waffen SS gegangen. Der arische Nachweis, den er hierfür zu erbringen hatte, lies dies auch zu, doch leider war er ein paar Zentimeter zu klein. Die festgesetzte Mindestgröße für diese Waffeneinheit erfüllte er nicht, so wurde er aufgrund zu geringer Größe abgelehnt. Das hat ihn tief getroffen. Und auch noch viel später bedauerte er es sehr, wie man immer wieder aus seinen Erzählungen heraushörte. Als dann 1939 der Krieg ausbrach, fuhr Papa als Marinesoldat zur See.

Papa auf dem Marineschiff

Papa beim Feiern mit den Marinekameraden, Papa ist der zweite von rechts unten

Weihnachten 1938 heirateten Mutti und Papa. Nach ihrer Heirat zogen sie nach Zimmerbude. Dort wohnten sie bis zu ihrer Flucht.

Bereits im Mai des Jahres 1939 kam meine Schwester Ingrid zur Welt, also noch nicht einmal neun Monate nach der Heirat. Ein Geschehnis, das nicht in die damalige Zeit passte. Damals verstießen nämlich diejenigen, die noch vor der Ehe miteinander schliefen, erheblich gegen die Moral und galten als Schande für die Familie. Aber all das Kriegsgerassel und die

Kriegsvorbereitungen, die bereits zu diesem Zeitpunkt liefen, führten dazu, dass viele junge Menschen Anstand und Moral vergaßen. Wie viele andere gleichaltrige Paare hatten auch Mutti und Papa Befürchtungen, sich eventuell nicht wiederzusehen, wenn der Krieg ausbrechen sollte. So hatten sie Sex schon vor der Ehe, weil sie glaubten, etwas Wichtiges in ihrem Leben zu versäumen, sollte es zum Krieg kommen. Und tatsächlich begann 1939 der Krieg. Papa musste an die Front und Mutti und Papa sahen sich über Monate nicht. Nur wenn Papa Heimaturlaub hatte, was sehr selten vorkam, war er für wenige Tage in Zimmerbude.

Papa auf Heimaturlaub kurz vor Kriegsende

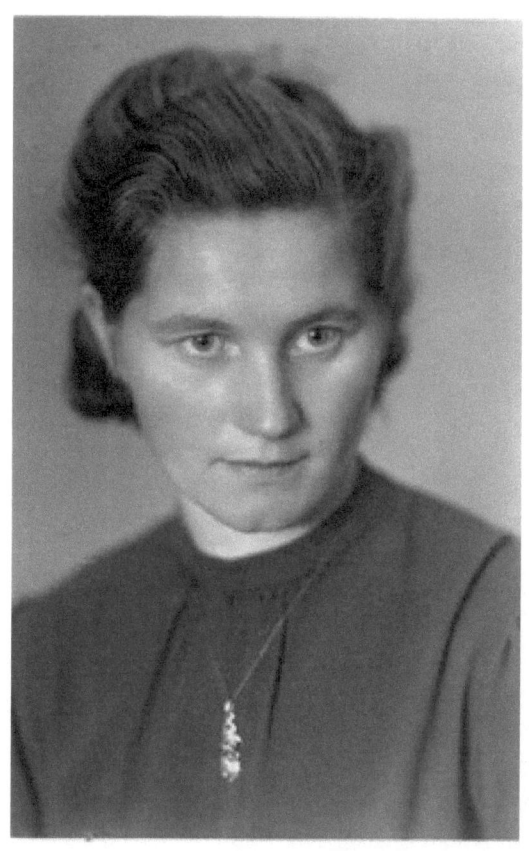

Mutti 1942

In den Folgejahren verstärkte sich das Kriegsgeschehen erheblich. In vielen Ländern wurde an den Fronten erbittert gekämpft. Die vielen zu Beginn des Krieges gemeldeten Erfolge ebbten mit der Zeit langsam ab. Zwar gab es immer noch Erfolgsmeldungen im Radio, aber es war schwer zu unterscheiden, was Propaganda war und was nicht. Bis zu dem von Adolf Hitler versprochenen Endsieg schien es noch länger zu dauern.

Tante Ella, Muttis Schwester, mit Ingrid in Ostpreußen

Der Sturm auf Ostpreußen

Tatsächlich aber war der Endsieg weit entfernt. Nachdem die Schlacht um Stalingrad verloren war, marschierten die russischen Streitkräfte 1944 immer dichter auf Ostpreußen zu. Trotz heftiger Gegenwehr musste die deutsche Wehrmacht unter hohen Verlusten eine Verteidigungslinie nach der nächsten aufgeben. Für Ostpreußen wurde die Lage immer gefährlicher. Hitler wollte Ostpreußen auf alle Fälle halten. Deshalb versuchte er mit der Mobilmachung der letzten Reserven die Wende im Kriegsgeschehen herbeizuführen. Er ließ Parolen herausgeben, dass all diejenigen, die nicht mitgekämpft hatten, geächtet und ihr Eigentum verlieren würden.

Aus Furcht vor diesem drohenden Verlust des Eigentums meldeten sich deshalb auch diejenigen freiwillig zur Wehrmacht, die aufgrund von Krankheit oder infolge der Ausübung eines politischen Amtes bisher freigestellt waren. Auch mein Onkel, der Mann von Muttis Schwester Ella, gab seinen Bürgermeisterposten auf und meldete sich. Ein folgenschwerer Fehler. Gleich in den ersten Tagen seines Kriegseinsatzes, er war nur als Kurier eingesetzt, wurde er hinterrücks von Scharfschützen erschossen.

Gleichzeitig mit der Herausgabe der Parolen befahl Hitler im Oktober 1944 den deutschen Volkssturm. Jede männliche Person zwischen 16 und 60 Jahren hatte sich zu den Waffen zu melden. Auch Opa, Muttis Vater, der bis dahin nicht eingezogen war, musste sich als Soldat melden.

Diese Zwangsrekrutierung wurde erbarmungslos und konsequent verfolgt. Dabei fehlte es an allem, was diese zusätzlichen Soldaten benötigten. Es mangelte an Uniformen, Waffen und erst recht an Munition. So mussten die neu rekrutierten Soldaten mit einer zur Uniform umgestalteten Bekleidung meist unbewaffnet an die Front. Oft wies nur eine Armbinde sie als Soldaten des Volkssturmes aus. Eine umfassende Ausbildung und Vorbereitung auf die kommenden Aufgaben erfolgte nicht oder nur dürftig. Nur wenige erhielten eine Einweisung, eine Uniform oder eine Waffe. Hierbei handelte es sich zudem oft um erbeutete Waffen aus Feindeshand, wie zum Beispiel Italien, Tschechoslowakei oder Polen. Für diese Waffen stand ohnehin nicht genügend Munition zur Verfügung.

Schätzungen (lt. Wikipedia) zufolge benötigten die zusätzlich rekrutierten Männer ca. 1,3 Millionen Handfeuerwaffen, es standen allerdings nur knapp 20.000 zur Verfügung. Von circa 75.000 erforderlichen Maschinengewehren standen nur 181 zur Verfügung. Bei der Munition sah es ähnlich aus. Wie diese Zahlen deutlich zeigen, waren die Voraussetzungen für die neu Rekrutierten katastrophal und nahezu aussichtslos. Dennoch zogen die überwiegend jungen Männer bewaffnet mit Stöcken und Messern euphorisch in den Krieg, glaubten sie doch, die Wende herbeiführen zu können. Ihre Entsendung an die Front kam jedoch einem Selbstmordkommando gleich. Die Mobilisierung der wirklich letzten Kräfte zeigt aber auch, mit welcher Verzweiflung Hitler durch die Aufstellung des Volkssturmes versuchte, den letzten rettenden Strohhalm zu ergreifen.

Auch wenn der Volkssturm eigentlich überwiegend zum Schanzenbau und Ausheben von Gräben eingesetzt werden sollte, wurden diese neuen Männer doch an die vorderste Front geschickt und waren so oft „Kanonenfutter".

Verständlicherweise konnte die Mobilisierung dieser letzten Reserven die russischen Streitkräfte nicht aufhalten, zumal diese zum Teil mit modernen amerikanischen Waffen ausgestattet waren. Näher und näher marschierten die russischen Soldaten gen Ostpreußen. Einige Orte waren schon von ihnen eingenommen. Panik machte sich breit. Die ersten Flüchtlingstrecks, zu Fuß, zu Pferd, mit Kutsche oder Planwagen machten sich trotz Fluchtverbots auf den Weg Richtung Westen, ihre notwendigsten Habseligkeiten mit sich schleppend. Dabei gingen sie das

Risiko ein, von deutschen Armeeangehörigen oder dem politischen Führungspersonal zurückgeschickt oder schlimmstenfalls erschossen zu werden. Außerdem war es bitter kalt. Im Dezember 1944 fiel das Thermometer auf unter 20 Grad Minus und über dem Land lag eine dicke Schneedecke.

Die Flucht

Dann endlich, im Januar 1945, mitten im strengen Winter, konnte sich auch Hitler nicht mehr den Tatsachen entziehen. Er wies die örtlichen politischen Leiter an, das Fluchtverbot aufzuheben, und befahl der Marine, die Flüchtlinge und auch die Soldaten aus dem eingekesselten Ostpreußen so schnell wie möglich zu evakuieren. Gleichzeitig ließ er aber die Durchhalte- und Siegesparolen weiter im Radio ertönen. So glaubten viele Ostpreußen die Flucht sei von kurzer Dauer, und sie würden bald schon wieder in ihre Heimat zurückkehren.

Der Befehl zur Evakuierung Ostpreußens kam zu spät. Inzwischen war der Fluchtweg über Land abgeschnitten. Die Rote Armee hatte Ostpreußen umschlossen, oder wie es hieß, eingekesselt. Für die Menschen blieb nur noch die Flucht über die Ostsee. Hier gab es zwei Möglichkeiten. Die eine war, über die drei noch zugänglichen Häfen mit dem Schiff zu fliehen, und die andere, den Weg über das zugefrorene Frische Haff zu gehen, um zu der das Frische Haff umgebenden Landzunge, die Frische Nehrung, zu gelangen. Auf der Frischen Nehrung, einer Halbinsel, konnten sie dann die Einkesselung umgehen und bis Danzig oder Gotenhafen kommen. Beides lag zu diesem Zeitpunkt noch außerhalb der Einkesselung. Ein mühsamer, gefährlicher und oft tödlicher Weg, denn auf dem Eis waren sie den russischen Fliegerangriffen schutzlos ausgeliefert.

Die Aufhebung des Fluchtverbots steigerte das Chaos in den Städten noch zusätzlich. Die täglichen Bombenangriffe auf die ostpreußischen Städte, der zu hörende Kanonendonner und das Explodieren der Granaten versetzten die Ostpreußen in Panik. Nun war das Chaos vollkommen. Jeder versuchte, sich auf eigene Faust durchzuschlagen. Die Menschen rafften ihr Hab und Gut zusammen und flohen in Scharen auf den wenigen verbliebenen Fluchtwegen. Zu viele Geschichten über Gräueltaten hatten sie über die russischen Soldaten gehört. Bleiben wollte deshalb niemand. Es machte die Runde, sie würden Menschen kopfüber an das Scheunentor nageln, kleine Mädchen und Frauen vergewaltigen, Babys die Köpfe zertrümmern und alte Männer mit der Zunge an den Tisch nageln, damit sie mit ansehen mussten, wie die

Soldaten ihre Frauen und Mädchen vergewaltigten und anschließend ermordeten.

Auch wollten die Einwohner nicht zwischen die Fronten der deutschen Wehrmacht und der russischen Streitkräfte geraten. Von Freunden und Nachbarn hatten sie erfahren, dass viele Flüchtlinge gestorben seien, als sie zwischen die Fronten gerieten. Deshalb blieb nur die Flucht, und Eile war geboten, denn die russischen Streitkräfte rückten bedrohlich näher und näher. Eine Verteidigungslinie nach der anderen überrannten sie.

Zwar gab es trotz der lebensbedrohenden Lage immer noch viele Zögerer, weil sie Haus und Hof nicht aufgeben oder ältere bzw. kranke Familienmitglieder nicht alleine zurücklassen wollten. Auch gab es diejenigen, die glaubten, ihre Tiere versorgen zu müssen und deshalb ausharrten. Die meisten Ostpreußen jedoch flohen Hals über Kopf.

Ihnen blieben nur wenige Tage, um aus Ostpreußen noch heraus zu kommen. Jahrelang hatten sie den Siegesstimmen im Radio vertraut. Nun aber stellten sie fest, dass alles Propaganda war, es waren Durchhalteparolen, die keinen Funken Wahrheit mehr enthielten. Nun wussten sie, dass die bereits im letzten Jahr leise hinter vorgehaltener Hand geflüsterten Aussagen: „Der Krieg ist nicht mehr zu gewinnen", wahr waren. Entsetzen, Angst, Kopflosigkeit, Panik und nur der Gedanke an Flucht bestimmten von nun an das Handeln. Plötzlich war es ein Gewimmel in den Städten, Dörfern und Straßen. Hastig versuchten die Menschen das Notdürftigste zusammen zu raffen und ihre Habseligkeiten zu retten. Selbst diejenigen, die bisher gezögert hatten, machten sich nun auf den Weg. Ältere oder Kranke mussten notgedrungen zurückgelassen werden oder hatten sich selbst gegen eine gemeinsame Flucht entschieden, um nicht eine zusätzliche Last für die Flüchtenden zu sein. Die Fliehenden, schwer beladen mit den nötigsten Habseligkeiten, gingen zu Fuß, mit und ohne Handwagen, fuhren mit dem Rad, dem Motorrad, dem Pferdefuhrwerk oder hoch zu Ross. Wer Glück hatte, flüchtete mit einem Auto, in Militärfahrzeugen oder mit der Bahn. Alle, aber auch alle trieb der Gedanke: „Nur fort von hier!" Sie wollten so schnell wie möglich das nächste abfahrende Schiff erreichen oder über das Frische Haff der Einkesselung umgehen. Niemand wollte in die Hände der Russen fallen!

In den verstopften Straßen kämpften und schleppten sich schwer beladene Frauen gemeinsam mit ihren Kindern vorwärts, manchmal begleitet von einem Mann, der entweder verwundet oder zu alt für den Krieg war. Pferdewagen, vollgepackt mit allem, was die Besitzer glaubten retten zu müssen oder nicht entbehren wollten, bahnten sich mühsam ihren Weg. Ältere und Kranke saßen oder lagen, wenn sie Glück hatten, auf diesen Pferdewagen. Ansonsten mühten sie sich, in dem Gedränge mit der Masse Schritt zu halten. Zwischen all den Flüchtenden versuchten Reiter, Radfahrer, Motorradfahrer und vereinzelte Autofahrer sich ihren Weg in Richtung Meer zu bahnen. Diejenigen, die kein fahrbares Vehikel besaßen, trugen ihre Habseligkeiten unter dem Arm oder im Koffer. Viele zogen kleine Holzwagen, sogenannte Bollerwagen, hinter sich her, die sie oft bis oben hin vollgepfropft hatten mit dem, was sie retten wollten. Sie alle, aber auch alle, hatten begriffen, dass es jetzt nur noch um das nackte Überleben ging. Was sie an Wertvollem nicht mitnehmen konnten, hatten sie zum Teil in ihrem Garten vergraben oder anderswo, in der trügerischen Hoffnung, bei ihrer Rückkehr alles wieder ausgraben zu können. Noch immer gab es welche, die an den Endsieg glaubten.

Die Flucht der Familie meiner Mutter

Auch meine Familie wollte aus Zimmerbude fliehen und ihre lieb gewonnene Heimat, das schöne Samland verlassen. Sie bereitete sich auf die Flucht vor. Wie bei allen anderen Familien waren auch hier die männlichen Familienmitglieder als Soldaten an der Front oder bereits gefallen. So waren auch Papa, Muttis Vater und ihre noch lebenden Brüder im Krieg, wo wusste sie nicht, und ob sie noch lebten auch nicht. Deshalb waren die Frauen mit ihren Kindern auf sich allein gestellt. Noch zögerten sie loszumarschieren, weil Mutti im neunten und ihre Schwester Herta im achten Monat hochschwanger waren. Doch als immer mehr von den Nachbarn flohen und der Gefechtsdonner von der Front bereits in Zimmerbude zu hören war, und nachts die russischen Bomber Richtung Königsberg flogen, beschlossen sie, unverzüglich zu fliehen. Sie berieten sich mit den anderen Familienmitgliedern. Tante Ella, die ältere Schwester von Mutti, schlug vor, mit dem Pferdewagen Richtung Westen zu fahren. Doch der Gutsverwalter auf dem Gut, das Tante Ella und ihrem Mann gehörte, riet davon ab. Er war Pole und verfügte offensichtlich über geheime Informationen. Deshalb sagte er ihnen, dass aufgrund der Einkesselung Ostpreußens der Fluchtweg über Land Richtung Westen unmöglich war, man müsste schon, um durchzukommen, die Kampffront durchbrechen. Ein hoffnungsloses Unterfangen! Auch von der Flucht über das Eis des Frischen Haffs riet er ab. Obwohl zu diesem Zeitpunkt das Eis aufgrund des kalten Winters eigentlich dick genug war, um mit Pferdefuhrwerken über das Haff zu fahren, war es dennoch an einzelnen Stellen viel zu dünn, um die schweren Lasten der sich in langen Reihen dicht an dicht drängenden Pferdefuhrwerke und Menschen zu tragen. Auch gab es auf dem Haff keine Möglichkeit, sich vor den ständig wiederkehrenden russischen Kampfflugzeugen zu verstecken, und die kamen leider sehr oft. Dort auf dem Eis wären sie den Bomben und dem Maschinengewehrfeuer der russischen Kampfflugzeuge hilflos ausgeliefert. Von denen, die es bisher versucht hatten, waren viele in das Eis eingebrochen und mitsamt der Pferdefuhrwerke in dem eiskalten Wasser elendig ertrunken. Die einzige Möglichkeit für eine erfolgreiche Flucht sei mit dem Schiff über die Ostsee!

Als sie dann noch erfuhren, dass Tante Ellas Mann hinterrücks von Scharfschützen erschossen worden war, gab es kein Halten mehr. Endlich, eigentlich viel zu spät, begannen sie ihre Habseligkeiten zusammenzupacken. Was sollten sie bloß mit Mutti machen? Mit auf die Flucht nehmen und das Risiko einer Geburt mitten auf der Flucht eingehen? Das Risiko war ihnen zu groß. Deshalb beschlossen sie, Mutti durch den Gutsverwalter mit der Pferdekutsche ins Krankenhaus nach Cranz zu bringen. Gleich nach seiner Rückkehr wollten sie dann aufbrechen. Cranz war zwar deutlich weiter entfernt als Königsberg, doch Cranz war sicherer. In Königsberg war das Krankenhaus mit verwundeten Soldaten überbelegt. Auch flogen russische Kampfflugzeuge nachts ständig

Bombenangriffe auf die Stadt. Ingrid, Muttis fünfjährige Tochter, wollten sie mitnehmen, für Mutti mit dem Baby auf dem Arm wäre sie nur eine zusätzliche Bürde gewesen. Um sich wieder zu finden, vereinbarten sie, sich per Brief über Tante Anneliese, die Frau von Onkel Willi, Muttis Bruder, auszutauschen. Tante Anneliese wohnte in Berendshagen nahe bei Wismar und weit weg von der russischen Front.

Nachdem nun alles besprochen war, packte Mutti in aller Eile die notwendigsten Babysachen in eine kleine Tasche. Unter Tränen und herzlichen Umarmungen verabschiedete sie sich und machte sich zusammen mit dem Gutsverwalter auf den Weg nach Cranz.

Als der Gutsverwalter am nächsten Tag aus Cranz zurückkehrte, warteten die anderen Familienmitglieder schon auf ihn mit gepackten Koffern. Ihm und den Pferden gönnten sie noch eine Nacht Ruhe, und fuhren am nächsten Tag los. Sie reihten sich ein in die große Zahl flüchtender Menschen, die alle zum Hafen nach Pillau wollten und nur ein Ziel hatten, auf ein Schiff zu kommen und bloß raus aus Ostpreußen.

In der Kutsche waren: Oma, natürlich Ingrid, Muttis Schwester Ella mit ihren vier Kindern Adelheid, Helmut, Margot und Erika, Muttis hochschwangere Schwester Herta und Muttis kleiner Bruder Bruno. Dieser hätte sich eigentlich zur Aufnahme in den Volksturm melden müssen, weil er schon über 16 Jahre alt war. Doch Oma hatte bereits zwei Söhne im Krieg verloren, und damit schon genug Tribut fürs Vaterland geleistet. Nun wollte sie wenigstens ihren Jüngsten schützen. Sie hatten Bruno Mädchenkleider angezogen und hofften, dass niemanden auffiel, dass unter den Mädchenkleidern ein Junge steckte. Denn würde er entdeckt werden, käme das einer Desertation gleich und hätte den sicheren Tod durch Erschießen oder Aufhängen bedeutet.

Die Strecke bis Pillau war das reinste Grausen. Am Wegesrand saßen oder lagen zahlreiche ältere, kranke und hilflose Menschen. Dazwischen immer wieder Tote, erschossen, verhungert oder erfroren. Viele Kinder und Kleinstkinder waren darunter. Überall flehten, bettelten erschöpfte Menschen um ein Stück Brot und um Mitnahme. Die Kutsche war aber bereits voll besetzt, so dass es unmöglich war, noch jemanden mitzunehmen.

Am gleichen Tag erreichten sie den Hafen von Pillau. Am Kai lag ein riesengroßes Schiff. Auf dem gesamten Kai und noch weit davor, waren Menschen, Menschen und abermals Menschen. Es waren Tausende. An manchen Tagen waren mehr als 75 000 Flüchtlinge in Pillau, die alle mit den Schiffen flüchten wollten. Allein von Ende Januar bis April wurden in nur knapp drei Monaten fast

500 000 Flüchtlinge über die Ostsee gebracht und nahezu die gleiche Anzahl an Soldaten.

Helmut, der damals neun Jahre alt war, sah das Gedränge und Geschiebe vor dem Schiff und bekam Angst. Er fürchtete sich vor dieser riesigen Menschenmenge. Er weigerte sich, sich in dieser Menge zum Schiff durchzudrängeln. Für ihn war es ein schreckliches, traumatisches Erlebnis, die vielen drängelnden, schiebenden, schreienden, jammernden und verzweifelten Menschen zu sehen. Noch heute, machen ihm große Menschenansammlungen Angst, wie er sagt. So haben die Kriegserlebnisse und Kriegswirren nicht nur die Erwachsenen oft dauerhaft geprägt und traumatisiert, sondern auch die Kinder.

Auch die hochschwangere Herta fürchtete in dem Gedränge um ihr ungeborenes Kind. Da auch die anderen Kinder von Tante Ella noch sehr klein waren, und Tante Ella Angst hatte, sie in der Menschenmenge zu verlieren, suchten sie nach einer Alternative. Sie wussten, ihr Bruder Willi diente auf einem der Kriegsschiffe. Vielleicht lag sein Schiff ja in Pillau. Sie gingen zur Kommandantur und fragten dort nach. Sie hatten Glück, tatsächlich lag Onkel Willis Schiff, die MS Lothringen im Pillauer Hafen. Sie sollte am nächsten Tag in See stechen und den großen Flüchtlingsdampfer begleiten, der an der Pier lag. Als dann noch die

Kommandantur erlaubte, dass sie auf dem Kriegsschiff mitfahren durften, schien ihr Glück trotz allem vollkommen.

Die Nacht verbrachten sie in einem Keller mit aufgesetzten Gasmasken, hieran kann Ingrid sich heute noch erinnern. Warum sie damals Gasmasken auf hatten, das weiß sie allerdings nicht mehr.

Am nächsten Tag holte Onkel Willi seine Verwandten von der Kommandantur ab und nahm sie mit an Bord. Damit die Schiffe nicht so schnell auf der Ostsee entdeckt wurden, fuhren sie erst in der Nacht los. Lichter wurden aus dem gleichen Grund nicht gesetzt. Die Fahrt schien eine Ewigkeit zu dauern, dabei waren es nur zwei Tage. Um den russischen U-Booten nicht klar ausrechenbare Ziele zu bieten, fuhren die Schiffe in unterschiedlicher Fahrweise. Mal fuhren sie mit Höchstgeschwindigkeit, dann wiederum Zick-Zack-Kurs, und einen Augenblick später lagen sie für eine Weile still, um eventuelle Minen zu orten. Bei all dem verfolgten sie nur ein Ziel, die Flüchtlinge sicher in einen außerhalb des Kessels liegenden Hafen zu bringen. Zu weit entfernt durfte dieser Ort aber nicht sein, da noch weitere hunderttausende von Flüchtlingen in kürzester Zeit aus Ostpreußen evakuiert werden mussten.

Während sie sich auf hoher See befanden, gab es kurz vor Rügen plötzlich mitten in der Nacht Fliegeralarm. Über Lautsprecher forderte der Kapitän alle Personen auf, sich sofort unter Deck zu begeben. Helmut, Tante Ellas Sohn, und ein Spielkamerad wollten aber sehen, was passieren würde. Deshalb versteckten sie sich an Deck. In der Ferne sahen sie einen riesigen Dampfer. Sie wunderten sich, warum dieser Lichter gesetzt hatte. Plötzlich gab es eine gewaltige Explosion auf dem großen Dampfer, dann sahen sie gegen den Horizont, wie das Heck langsam absackte und der Bug sich gleichzeitig aufrichtete. Langsam verschwand das Schiff in den eisigen Fluten, und sämtliche Lichter des Schiffes erloschen. Dann hörten sie das laute Brummen von herannahenden Flugzeugen. Gleichzeitig setzte die Flak an Bord ihres Schiffes ein. Viel mehr konnte Helmut nicht sehen. Die Marinesoldaten hatten die beiden entdeckt und schickten sie unter Deck. Das aber, was sie auch unter Deck wahrnahmen, war heftiger Gefechtslärm. Aus den Schiffsbewegungen schlossen sie, dass ihr Schiff große Kreise fuhr. Dann hörten sie lautes Getrampel an Deck. Woher das kam, wussten sie nicht. Als sie später wieder nach oben durften, wunderten sie sich, dass sich plötzlich so viele Menschen auf dem Schiff befanden, mehr noch als vorher. Wie sich herausstellte, war ihr Schiff den Schiffbrüchigen zu Hilfe geeilt und hatte versucht, so viele Menschen wie möglich aus der eiskalten See zu retten. Es waren Überlebende der Wilhelm Gustloff. Am nächsten Tag, es war der 31. Januar 1945, steuerten sie Rügen an.

In der Nähe von Putbus gingen sie an Land. Sofort nachdem die Flüchtlinge das Kriegsschiff verlassen hatten, verließ es den Hafen, um weitere Fliehende aus Ostpreußen abzuholen.

Auf Rügen angekommen, wurden sie zunächst registriert und dann gleich weiter in eine private Unterkunft gewiesen. Die Eigentümer und Bewohner des Hauses, in dem sich die Wohnung befand, waren nicht sehr erfreut über die Neuankömmlinge, doch dank der verordneten Zwangszuweisungen seitens der Behörden mussten sie die Flüchtlinge aufnehmen. Die Unterkunft war eine karge, spärlich eingerichtete Hütte, die viel zu klein für all die Personen war. Dennoch war die Familie froh, in diesem strengen Winter wieder ein Dach über dem Kopf zu haben und vor allen Dingen froh, dass sie diesem schrecklichen Inferno heil entronnen waren und lebten!

Muttis Flucht

Währenddessen war Mutti ohne Familienangehörige allein im Krankenhaus in Cranz. Auch bis hier in das Krankenhaus drangen die Nachrichten von der Front und der Flucht. Sie hörte von den Gefechten, in welche die Flüchtlingsschiffe gerieten. Auch hörte sie von Untergängen einiger Fluchtschiffe. Sorgen und Angst um das Schicksal ihrer Tochter Ingrid und um ihre Familienangehörigen plagten sie. Würde sie Ingrid wiedersehen? Hatten alle Familienmitglieder überlebt? Wo mochten sie sein? Wie ging es ihnen? Würde sie hier noch rechtzeitig wegkommen? Wenn das Baby erst einmal da war, wie konnte sie mit einem kleinen Säugling im Arm alleine fliehen? Welche Gefahren erwarteten sie? Würde sie die Kraft haben, all die Strapazen zu bewältigen? Fragen über Fragen! Und dann das Warten auf die Geburt! Das untätige Daliegen, das Alleingelassensein mit all den Sorgen und quälenden Gedanken, es war schrecklich! Die Nacht war furchtbar, Sorgen und Wehen quälten sie, an Schlaf war nicht zu denken.

Als sie so da lag mit ihren immer wieder kehrenden Fragen, hörte sie wieder einmal Fliegeralarm, und gleich darauf die russischen Bomber. Sie schickte ein Stoßgebet zum Himmel, damit die Flieger ihre Bomben nicht über dem Krankenhaus abwarfen. Das taten sie Gott sei Dank nicht, sie flogen über Cranz hinweg in Richtung Königsberg. Am frühen Morgen endlich setzte die Geburt ein. Ulla, unsere Schwester, kam zur Welt, genau am 26. Januar 1945, mitten im strengen ostpreußischen

Winter. Draußen waren es über 20 Grad minus und eine dicke Schneedecke lag auf dem Boden.

Bereits wenige Tage nach Ullas Geburt machte Mutti sich zusammen mit einer Krankenschwester, die auch fliehen wollte, auf den Weg. Mutti nahm die kleine Tasche mit dem Nötigsten für den kleinen Säugling, die Krankenschwester nahm Ursula, genannt Ulla, in den Arm und so marschierten sie langsam los. Mutti war eigentlich noch viel zu schwach, um den weiten Weg antreten zu können, doch am Vormittag sollte der letzte Zug Richtung Königsberg und von dort aus in Richtung Pillau weiterfahren. Deshalb musste sie diese letzte Fluchtmöglichkeit mit der Bahn nutzen. Pillau war für sie in weitem Umkreis der einzige Hafen Ostpreußens, von dem überhaupt noch eine Möglichkeit zur Flucht über die Ostsee bestand.

Als sie in die Nähe des Bahnhofs kamen, war dieser schon von einer riesigen Menschenmenge belagert. Es waren Flüchtlinge wie sie, verzweifelte Menschen, die nur noch eins wollten, fliehen, und auf dem schnellsten Weg nach Pillau kommen! Wie sollten Mutti und die Krankenschwester es nur anstellen, bis an den Zug heran, geschweige denn, in den Zug zu kommen? Aber sie hatten Glück, einige Soldaten, die versuchten, das Chaos zu ordnen, sahen das Baby und nahmen sich der kleinen Gemeinschaft an. Sie bahnten sich einen Weg durch die Menschenmassen und zwängten die Krankenschwester und Mutti in ein bereits hoffnungslos überfülltes Abteil. Die Fenster des Zuges waren alle zerschossen von den Luftangriffen der russischen Flieger und im Zug war es so eng, dass man sich kaum rühren konnte. Auch als es unmöglich war, noch mehr Personen in den Zug zu zwängen, setzte sich dieser nicht in Bewegung. Nun begann das bange Warten. Wann würde der Zug endlich abfahren? Hoffentlich gab es keinen Fliegerangriff. Würde der Zug bis Pillau durchkommen und würden sie dort heil ankommen? Die Menschen wurden nervöser und nervöser, dann endlich, nach mehreren Stunden, die ihnen wie eine Ewigkeit vorkamen, setzte sich der Zug in Bewegung.

Auf dem Weg nach Pillau gab es dann plötzlich Fliegeralarm. Der Zug stoppte und alle verließen hastig, drängelnd, schubsend und schreiend voller Angst den Zug. Jeder wollte der Erste sein, und alle suchten hinter oder unter den Waggons Deckung. Auch Mutti und die Krankenschwester krochen unter den Waggon. Ganz eng pressten sie sich auf die Schienen. Gedanken, was alles passieren könnte, rasten durch ihren Kopf. Sie klammerte sich an die Hoffnung, dass alles gut gehen würde.

Und plötzlich waren die russischen Kriegsflugzeuge auch schon da, im Tiefflug griffen sie den Zug an. Die

Maschinengewehre ratterten, und Kugeln schlugen in die Zugabteile ein oder pfiffen als Querschläger durch die Gegend, wenn sie auf Eisen trafen. Vor Angst versuchte Mutti sich noch tiefer unter den Waggon zu drücken. Doch zum Glück blieb es bei der ersten Angriffswelle und die Flugzeuge setzten ihren Weg fort. Als der Angriff vorbei war, zwängten sich alle Flüchtlinge wieder in die Abteile. Freunde und barmherzige Mitreisende trugen oder zerrten die Verletzten in den Zug. Die tödlich Verletzten ließen sie liegen, sie zu begraben, dafür blieb keine Zeit. Als sich der Zug wenig später wieder in Bewegung setzte, stand allen noch das Grauen und die Angst der letzten Minuten im Gesicht.

Endlich, es war Anfang Februar, erreichten sie Pillau. Mutti und die Krankenschwester gingen mit der hastenden, drängelnden und schiebenden Menschenmenge in Richtung Hafen. Je näher sie dem Hafen kamen, desto mehr Menschen wurden es. Es war kaum ein Durchkommen. So viele Menschen auf so wenig Raum hatte Mutti noch nie zuvor gesehen. Egal wohin sie sah, Menschen, Menschen und noch einmal Menschen. Und alle versuchten sich in Richtung Schiffe schreiend, stoßend und schiebend durchzudrängeln. Wie sollte sie durch diese Mengen hindurch das Schiff erreichen? Nach der Geburt von Ulla war sie noch immer sehr geschwächt und hatte ihre alte Kraft noch nicht wieder gewonnen. Und wie sollten sie Ulla unversehrt auf das Schiff bringen? Ein schier unmögliches Unterfangen

Inzwischen war die Dunkelheit hereingebrochen, und es herrschte bittere Kälte. Mutti hatte nur die Kleidung auf dem Leib, die sie auch im Krankenhaus getragen hatte, andere hatte sie nicht. Sie fror erbärmlich und versuchte sich so gut wie möglich vor der Eiseskälte zu schützen. Sie hatte Ulla wieder in ihren Arm genommen und die Krankenschwester trug die Tasche. Immer noch nach einer Möglichkeit Ausschau haltend, wie sie an Bord kommen könnten, sahen sie einen Marinesoldaten in ihrer Nähe. Sie drängelten sich zu ihm durch und baten ihn um Hilfe. Der Soldat bot sofort an, sie und den Säugling an Bord zu bringen. Er nahm Ulla und bahnte sich - laut „heiß und fettig" rufend- den Weg durch die Menschenmenge. Mutti hatte Mühe, ihm zu folgen. Immer wieder musste sie Leute zur Seite schubsen, die sich zwischen sie und den Marinesoldaten drängten. Die Krankenschwester versuchte kämpfend Mutti zu folgen. Sie wollte bei Mutti bleiben, hatte sie doch die Tasche mit der Säuglingskleidung. Doch es sollte nicht gelingen. Die Krankenschwester wurde abgedrängt und verlor Mutti aus den Augen und mit ihr waren auch die Windeln und Strampler für Ulla weg. Als Mutti endlich an Bord war, war auch der Marinesoldat mit Ulla verschwunden. Mutlos, niedergeschlagen, hungrig, geschwächt und den Tränen nahe, sah sie ringsum nur unbekannte und ebenfalls ängstliche Gesichter. Von diesen war keine Hilfe zu erwarten! Diese Menschen versuchten ebenfalls in dem dichten Gedränge Kontakt zu Familienangehörigen, Nachbarn oder Freunden zu halten oder diese wieder zu finden. Mutti war dem Zusammenbruch nahe. Ihre Verzweiflung war vollkommen. Wie sollte sie Ulla wiederfinden? Schon seit Stunden hatte sie sie nicht mehr gestillt. Wenn Ulla die so dringend benötigte Milch nicht bekommen würde, würde sie verhungern. Gleichzeitig plagten sie die Sorgen um ihre Tochter Ingrid und den Rest der Familie. Wo waren ihre Mutter und ihre anderen Geschwister? Wo war ihr Mann, von dem sie schon lange nichts mehr gehört hatte? Allmählich schwand ihr Lebensmut und es machte sich Hilflosigkeit und Resignation breit. Enttäuscht und resigniert wollte sie sich nur noch irgendwohin setzen oder legen und sich ausruhen.

Doch dann besann sie sich auf ihre alten Kämpferqualitäten. Sie war in einer Großfamilie aufgewachsen, mit sieben Brüdern und zwei Schwestern. Dort hatte sie gelernt zu kämpfen und sich durchzusetzen. So nahm sie den schier unmöglichen Kampf auf, Ulla irgendwo in dem Gewimmel von Menschen zu finden.

Sie kämpfte sich durch das Gedränge von Marinesoldat zu Marinesoldat und befragte sie nach ihrer Tochter. Schließlich sagte ihr einer, die Babys würden alle in dem großen Salon, dem Kapitänssalon gesammelt. Er beschrieb ihr auch, wie sie dorthin kommen konnte.

Wieder begann das Schieben und Drücken durch die Menschenmenge. Endlich erreichte sie den Raum. Als sie ihn betrat, sah sie, dass dort fast hundert Babys lagen. Welches war nur Ulla? Sie ging von Baby zu Baby. Alle sahen so gleich aus! Doch dann endlich erkannte sie Ulla an dem markanten Merkmal der dunklen Haare, die bis fast in den Nacken wuchsen. Freudig und dankbar nahm sie Ulla in ihre Arme, legte sie an ihre Brust und ließ sie trinken. Auf dem Schiff waren die Mütter mit ihren Säuglingen in dem Kapitänssalon untergebracht, so waren sie zumindest etwas von dem Gedränge abgeschirmt und konnten sich besser um ihre Babys kümmern.

Sie wusste, dass ihr Bruder Willi auf dem Kriegsschiff MS Lothringen diente, nur wusste sie nicht, auf welchem Schiff sie nun war. Wegen der Dunkelheit, der Menschenmenge und der Angst, den Marinesoldaten aus den Augen zu verlieren, der Ulla trug, hatte sie nicht auf den Namen des Schiffes geachtet. So befragte sie die Marinesoldaten nach dem Namen des Schiffes. Doch die Soldaten hatten Order, aus Sicherheitsgründen den

Namen des Schiffes nicht preiszugeben. Letztendlich teilte der Kapitän ihr den Namen mit. Und wirklich, es war das Schiff, auf dem ihr Bruder, unser Onkel Willi, diente. Schnell wurde er herbeigerufen und als er Mutti und Ulla sah, erfasste er sofort die Situation. Er organisierte Bettlaken, die er zerriss, damit Mutti wenigstens saubere Windeln für die weitere Flucht hatte. Mit den neuen Windeln konnte Mutti endlich Ulla von den verschmutzten Windeln befreien.

Onkel Willi erzählte ihr auch, dass er die anderen Familienmitglieder, nämlich Oma und ihre zwei Schwestern mit den Kindern nach Rügen gebracht hatte. Dieses Mal jedoch würden sie nicht ganz bis Rügen fahren. Wegen der tausenden von Menschen, die noch in Ostpreußen auf ihre Evakuierung warteten und der immer weiter vorrückenden russischen Streitkräfte, würde dieses Schiff nur bis Danzig fahren und dort die Flüchtlinge absetzen. Von dort aus müssten sie versuchen, weiter nach Westen zu fliehen.

Als es wegen der vielen Menschen nicht mehr möglich war, noch weitere an Bord zu nehmen, und das Schiff hoffnungslos überfüllt war, wurde der Steg eingezogen und das Schiff legte ab. Zurück blieben tausende schreiender, jammernder und bettelnder Menschen, die noch mit wollten, aber nicht konnten oder durften.

Während der Überfahrt nach Danzig wurden keine Lichter gesetzt, damit die nach Beute suchenden russischen Kriegsflugzeuge das Schiff nicht so schnell auf der Ostsee entdeckten.

Auf ihrem Weg über die Ostsee hörten sie immer wieder das Dröhnen der russischen Kampfflugzeuge und Gefechtslärm. Doch zum Glück wurden sie nicht angegriffen. Die Fahrt ging durch die dunkle Nacht. Überall an Bord standen erschöpfte Menschen. Liegen oder Sitzen war nahezu unmöglich, so wenig Platz war noch vorhanden. Sie waren erschöpft und viele von ihnen jammerten still oder laut vor sich hin. Sie jammerten über den Verlust, den sie erlitten hatten. Sie hatten die Heimat, ihr Eigentum und viele von ihnen das eine oder das andere Familienmitglied verloren. Das war mehr, als ein Mensch in so kurzer Zeit ertragen konnte. Viele beteten auch und suchten göttlichen Beistand für eine gute Überfahrt oder für die Menschen, die sie zurücklassen mussten. Andere standen oder saßen apathisch da und hatten sich mit ihrem Schicksal abgefunden. Alle aber auch alle waren von den Strapazen und den Schrecken der letzten Tage und Wochen gezeichnet und voller banger Erwartungen auf das, was vor ihnen lag. Die Furcht vor der Fremde, dem Unbekannten und den Gefahren, die auf sie warteten, war riesengroß. Die meisten von ihnen waren in ihrem

Leben nie über 30 Kilometer im Umkreis ihres Dorfes hinausgekommen. Und nun mussten sie ihre vertraute Umgebung verlassen, ihr Zuhause, dort wo sie alles und jeden kannten. Sie fühlten sich unsicher, hatten sie doch ihre Sicherheitszone verlassen müssen und waren auf dem Weg in eine fremde, für sie völlig unbekannte Welt, in eine Landschaft, mit Fremden, von denen sie nicht wussten, wie diese sie aufnehmen würden, wie deren Sitten, Bräuche und Gewohnheiten waren, ob sie freundlich oder feindlich ihnen gegenüber gestimmt sein würden. Sie fühlten sich völlig hilflos! Und sie wussten, sie hatten noch einen weiten, gefahrvollen Weg vor sich. Sicherlich waren sie froh darüber, dass sie auf dem Schiff in vorläufiger Sicherheit waren, doch die Ungewissheit über die Zukunft ließ keine Freude aufkommen.

Währenddessen kümmerte sich Mutti liebevoll um Ulla. Ulla hatte sich zu allem Überfluss eine Mittelohrentzündung in dem kalten und zugigen Zug zugezogen. Sie weinte und schrie vor Schmerzen und wollte nicht genügend trinken. Mutti hatte aber so viel Milch, dass sie befürchtete, eine Milchdrüsenentzündung zu bekommen. An Bord aber waren genügend andere Säuglinge, die vor Hunger schrien, weil entweder die Mutter nicht an Bord bzw. nicht zu finden war oder diese nicht genug Milch hatte. Was lag da näher, als andere Säuglinge mit zu versorgen.

Nach vielen Stunden Schifffahrt erreichten sie endlich den Hafen von Danzig und mussten das Schiff verlassen.

Von Danzig aus mussten sie wieder alleine sehen, wie sie weiter Richtung Westen kommen konnten. Einige der Flüchtlinge machten sich zu Fuß auf den langen Marsch in Richtung Westen. Sie schlossen sich zu langen Trecks zusammen. Andere wiederum versuchten auf dem schnellsten Weg, den Bahnhof zu erreichen.

Mutti wusste, dass sie noch viel zu schwach war für den langen Fußmarsch in den Westen. Sie würde nicht in der Lage sein, die Entbehrungen und die Kälte über Wochen durchstehen zu können. Und Ulla hätte sie die ganze Zeit auch nicht tragen können, so viel Kraft hatte sie noch nicht. Die einzige Chance, den sicheren Westen zu erreichen, war für Mutti in einem der überfüllten Züge Platz zu finden. Im Übrigen hatte sie auch keinen Kinderwagen. Zwar standen oder lagen unterwegs immer wieder Kinderwagen am Wegesrand, doch Mutti hatte gesehen, dass in diesen oft noch ein toter Säugling lag, der erfroren oder verhungert war. In einen solchen Wagen wollte sie Ulla auf keinen Fall legen. Für Mutti wäre das ein schlechtes Omen gewesen. Selbst mit Kinderwagen wäre es keine Erleichterung gewesen. Der hohe Schnee verhinderte ein schnelles Vorwärtskommen und das Schieben des Wagens durch den Schnee hätte zu viel Kraft gekostet. Nein, die Kraft hatte Mutti nicht. Da wollte sie lieber Ulla tragen, und wenn der eine Arm erlahmen würde, würde sie den anderen nehmen. Das tat sie auch, und kam viel schneller vorwärts. Gleichzeitig wärmte und schützte sie Ulla mit ihrem Körper.

Die Menschenmenge wurde dichter und dichter, ein untrügliches Zeichen dafür, dass der Bahnhof in unmittelbarer Nähe lag. Dann, als Mutti den Bahnhof endlich erblickte, war sie auch schon mitten drin in dem Gedränge und Geschiebe. Eingezwängt in der Menge, versuchte sie sich näher und näher an den Bahnhof zu kämpfen. Zwischendurch hielt sie immer wieder erschöpft inne. Es dauerte Stunden, bis sie den Bahnsteig erreicht hatte. Zwischendurch legte sie Ulla an die Brust, damit sie trank und nicht verhungerte oder verdurstete. Ullas Mittelohrentzündung hatte sich dank der Tabletten gebessert, die ihr Bruder für sie besorgt hatte. Mutti selbst hatte von ihrem Bruder ein paar Stullen und etwas zu trinken mitbekommen. Das wollte sie aber trotz des riesigen Durstes und Hungers, den sie hatte, noch nicht zu sich nehmen, sie wusste, sie hatte noch eine lange, kräftezehrenden Flucht vor sich und befürchtete, auf dieser langen Reise nichts mehr zu essen und zu trinken zu bekommen.

Endlich stand sie dicht an den Gleisen, doch ein Zug war noch nicht da. Er sollte in den nächsten Stunden kommen. So stand sie weitere Stunden gemeinsam mit den vielen Menschen frierend auf dem Bahnhof und wartete auf den Zug, der sie endlich in den Westen bringen sollte. Sie war todmüde. Plötzlich wurde sie von neuem Gedränge und Geschiebe geweckt. Ob sie während des Wartens eingeschlafen oder nur vor sich hin gedöst hatte, wusste sie nicht, es hätte aber sehr gut möglich sein können, denn umfallen hätte sie nicht können, da die Menschen zu dicht standen. Auch andere positive Seiten hatte die Enge in der Menschentraube, sie schützte einigermaßen vor der eisigen Kälte. Zwar trug sie über der Kleidung, die sie zu Beginn der Flucht getragen hatte, nun einen zu großen, aber gefütterten Mantel und dazu derbe große Stiefel, doch beides war zu groß, und ließ sie immer noch frieren. Stiefel und Mantel hatte sie einem Toten abgenommen, der wie so viele andere erschossen am Wegesrand lag, aber dessen Kleidung noch nicht von anderen Flüchtenden geplündert war. Die zu großen Stiefel hatte sie mit Zeitungspapier ausgestopft und den zu weiten Mantel mit einem Ledergurt enger um den Körper gebunden.

Die neuerliche Unruhe der Menge, durch die sie wach geworden war, kündigte endlich das Nahen des Zuges an. Wenn sie jetzt noch das Glück hatte, in den Zug zu kommen, ging es endlich nach Westen. An die Lokomotive waren Viehwaggons angekoppelt. Die

Waggons waren nach oben offen und an der Seite mit einem Bretterverschlag verschlossen. Damit sollten die Flüchtlinge transportiert werden. Als der Zug hielt, drängten die Menschen in die Waggons. Auch Mutti, Ulla beschützend, drängelte so gut es ging mit, und sie schaffte es, in einen der Waggons zu klettern. Zum Glück fanden sie Platz an der Stirnseite des Waggons. Hier konnte sie sich anlehnen, und da die Stirnseite geschlossen war, waren sie auch einigermaßen vor Zugluft geschützt. Das Anlehnen war eine Erleichterung, doch sitzen oder liegen wäre noch besser gewesen, aber beides war bei der Fülle schier unmöglich. Um den Kreislauf in Gang zu halten, trat Mutti abwechselnd von einem Fuß auf den anderen, das war auch nahezu die einzige Möglichkeit, sich zu bewegen. Überall schrien und weinten kleine Kinder, und Menschen mit ausgemergelten, müden und ängstlichen Gesichtern standen apathisch wie Ölsardinen, dicht an dicht. Wenn Mutti in die Gesichter der anderen schaute, ahnte sie, wie sie selbst aussah.

Sie mussten lange in den überfüllten Waggons warten, bis sich der Zug endlich langsam in Bewegung setzte.

Mit vielen Unterbrechungen, die nicht immer ganz einleuchtend waren, fuhr der Zug an der Küste entlang, über Stettin, Stralsund und Rostock.

Fast 4 Tage waren sie unterwegs. In der Enge eingepfercht stehend hatten viele Kreislaufprobleme und verloren das Bewusstsein. Um die Bewusstlosen zur Erholung auf den Boden zu legen, rückten die Menschen noch enger zusammen. Willkommen waren die Halts auf Bahnhöfen oder freier Strecke, dann konnten sich die Menschen ein bisschen Bewegung außerhalb der Waggons verschaffen, sich die Füße vertreten, um den Kreislauf wieder in Gang zu bringen und ihre Notdurft verrichten. Wenn sie großes Glück hatten, stand auf dem Bahnhof ein Ofen, auf dem sie Schnee auftauten, um das Wasser zu trinken. Auch standen immer wieder Einheimische an den Gleisen, die Essen und warme Getränke reichten. Etwas Warmes zu ergattern, war in der Situation, in der sich die Flüchtlinge befanden, ein fürstliches Geschenk!

Endlich kam der Zug in Hamburg an. Hier sollten die Flüchtlinge verteilt werden. Ein Bleiben in Hamburg war nicht möglich, es war zu sehr zerbombt und viele Hamburger waren ebenfalls obdachlos. Wohnraum für die vielen Flüchtlinge gab es deshalb nicht mehr.

Zuerst kamen sie aber in ein Sammel- und Verteilungslager. Jeder Flüchtling wurde registriert und entlaust. Viele hatten sich auf der Flucht Läuse eingefangen. Deshalb wurden jedem ohne Ausnahme die Haare und die Kleidung mit dem für die Läuse tödlichem Spray eingesprüht.

Nach wenigen Tagen ging es für Mutti weiter nach Stade in das dortige Verteilungslager.

Dort angekommen, wartete Mutti aber nur kurze Zeit auf die endgültige Zuweisung. Bereits nach kurzer Zeit musste Mutti mit Ulla einen Militärlastwagen besteigen, der sie in die Schule nach Mittelnkirchen brachte. Mutti hoffte inständig, dass Mittelnkirchen die letzte Station ihrer langen, schrecklichen Odyssee war, und sie endlich in ein neues Zuhause einziehen konnte.

Den Namen Mittelnkirchen hatte sie zuvor noch nie gehört. Ja, sie wusste noch nicht einmal, wo in Deutschland das ungefähr lag. Auf ihrer Flucht hatte sie sich den anderen Flüchtlingen angeschlossen, die alle nur eins im Sinn hatten, möglichst weit nach Westen, und weit, weit weg von den russischen Armeen. Was sie dort erwarten würde, das wussten sie nicht, doch schlimmer als in Ostpreußen konnte es nicht sein.

Sicherlich hatte Mutti von Hamburg schon mal etwas gehört, doch für sie, die bisher nur bis Königsberg gekommen war, waren das alles fremde Welten. Fremd waren die vielen Menschen, die Häuser und vor allem die Sprache. Mutti sprach zwar auch Plattdeutsch, ostpreußisch Platt, doch dieses Platt war ein anderes als das, was in ihrer Heimat gesprochen wurde. Sie verschwendete keinen Gedanken daran, zu überlegen, was sie wohl in Mittelnkirchen erwarten würde. Dazu war sie viel zu müde und am Ende ihrer Kräfte. Das Einzige, was sie wollte, war endlich ein eigenes Bett und ein Dach über dem Kopf und schlafen, viel schlafen.

Die Route der Flucht

Mittelnkirchen war ein beschauliches Dorf. Es lag mitten im Alten Land, einem der größten Obstanbaugebiete Deutschlands. Es bestand zumeist aus Obsthöfen mit großen, sehr schönen Bauernhäusern in Fachwerkbauweise. Hier kannte jeder jeden und viele waren miteinander verwandt. Eigentlich bestand Mittelnkirchen nur aus einer Durchgangsstraße, an der von Stade kommend rechts die Häuser auf dem Deich und links der Straße die Bauernhäuser zu den Höfen lagen. Anders als bei vielen Städten war das Alte Land bis dahin vom Kriegsgeschehen weitgehend verschont geblieben. Nun, bei der Flut von Flüchtlingen, die aus den Ostgebieten strömte, lag es auf der Hand, diese in den Bauernhäusern mit ihrem reichlich vorhandenem Wohnraum unterzubringen, sehr zum Unwillen der Einheimischen, den Altländern.

In Mittelnkirchen war der Sammel- und Verteilungsort für die Flüchtlinge die Schule. Dorthin brachte man Mutti und Ulla. Schon wieder ein Sammlungs- und Verteilungslager, dachte Mutti, aber zum Glück war es das letzte. Von hier aus wurden die Flüchtlinge auf die einzelnen Quartiere in den Häusern verteilt. Der Empfang in den neuen Unterkünften war meist eisig, zumal die Einheimischen ihre Wohnungen, Zimmer oder Ställe nicht freiwillig und aus lauter Hilfsbereitschaft hergaben, sondern durch die rechtlich erlassene Zwangszuweisung hierzu gezwungen waren. Dementsprechend nahmen die Hausbesitzer die Flüchtlinge nur sehr widerwillig auf. Meist stießen die Flüchtlinge auf breite Ablehnung und wurden kühl und abweisend von oben herab behandelt. Denn fast niemand der Einheimischen wollte freiwillig mit den Flüchtlingen den Wohnraum teilen, schließlich brachen die Flüchtlinge ja auch in die Privatsphäre der Einheimischen ein!

In der Schule wurde zuerst den Müttern mit Kindern ein Quartier zugewiesen. Weil Mutti Ulla wohl zu sehr in

Decken gewickelt hatte, wurde sie zunächst übersehen. Erst ganz zum Schluss fiel auf, dass einer Mutter und ihrem Baby noch keine Wohnung zugewiesen war. Damit Mutti nicht noch länger warten musste, erbarmte sich der Pfarrer ihrer und nahm sie mit in sein Haus, das Pfarrhaus, gleich gegenüber der Schule, unten an der Straße. In einem großen, im hinteren Teil des Hauses gelegenen Zimmer, das ihm zuvor als Aufenthaltsraum und als Arbeitszimmer gedient hatte, quartierte er Mutti und Ulla ein. Hier sollten sie die nächste Zeit bleiben. Inzwischen war es Februar 1945.

Das Pfarrhaus in Mittelnkirchen

Nach ein paar Tagen in der neuen Wohnung hatte Mutti sich soweit erholt, dass sie sich nun um die anderen Familienmitglieder kümmern konnte, um die sie sich große Sorgen machte. Noch immer wusste sie nicht, wo Papa war, und ob er noch lebte. Auch wusste sie nicht genau, wo auf Rügen Ingrid und die anderen Familienangehörigen sich befanden.

Zunächst schrieb sie wie verabredet an Tante Anneliese, die Frau ihres Bruders Willi nach Berendshagen und fragte an, ob die anderen Familienmitglieder sich bei ihr gemeldet hatten. Gleichzeitig teilte sie ihre neue Adresse in Mittelnkirchen mit. Danach schrieb sie einen langen Brief an Papa und schickte ihn mit der Militärpost fort.

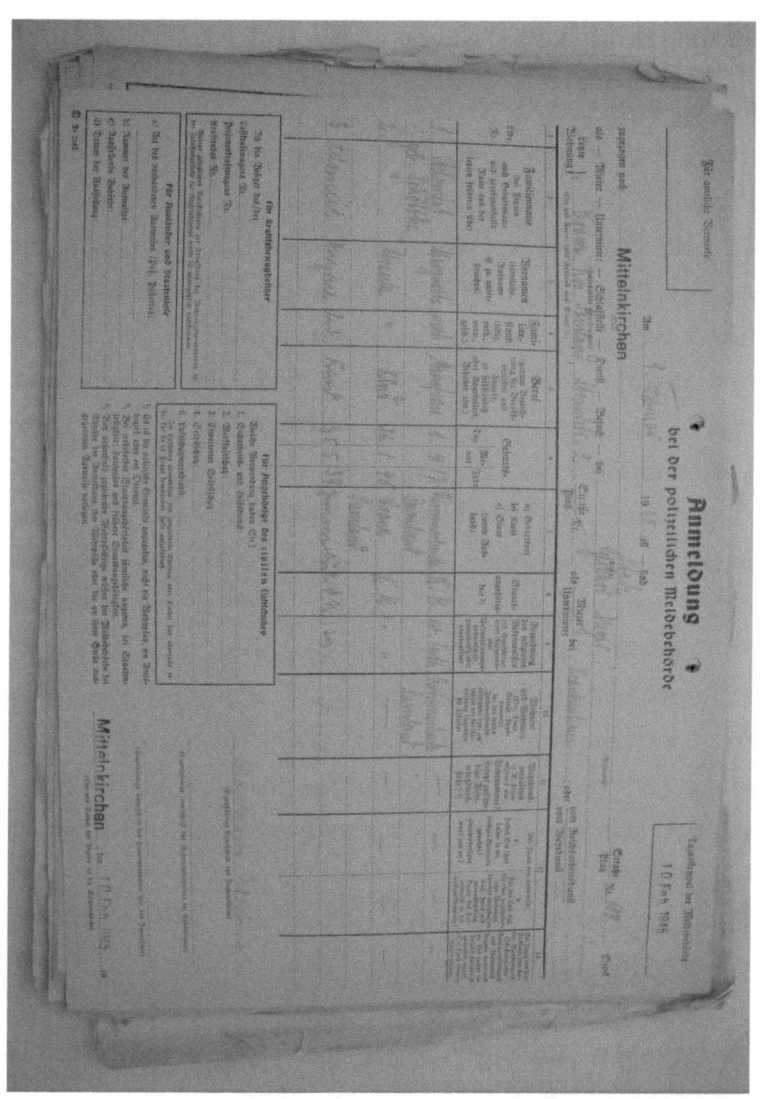

Aufnahme meiner Mutter in das damalige Melderegister

Archiv Samtgemeinde Lühe

59

Familie Schöttke auf Rügen

In der Zwischenzeit hatten Oma, Tante Ella, ihre Kinder und Tante Herta versucht, sich so gut wie möglich auf Rügen in der kleinen Hütte einzurichten. Wie lange sie dort bleiben würden, wussten sie nicht. Zunächst gingen sie von einer längeren Zeit aus. Auch der Krieg war zum Glück weit weg. Nur die neu ankommenden Flüchtlinge berichteten vom Kriegsgeschehen in Ostpreußen, von den Gräueltaten der Russen und auch vom Untergang verschiedener weiterer Schiffe, die voll beladen mit Flüchtlingen und Soldaten gesunken waren. All diese Berichte gingen ihnen sehr zu Herzen, befürchteten sie doch, nie wieder in ihre geliebte Heimat, ihr Zuhause zurückkehren zu können. Damit hatten sie alles verloren, Heimat, Haus, und Eigentum. Auch um Mutti machten sie sich Sorgen. Wenn im Krankenhaus alles gut gegangen war, dann müsste sie ihren Berechnungen zufolge wenige Tage nach ihnen ebenfalls die Flucht angetreten haben. Hoffentlich war sie dem Kriegsgeschehen heil entkommen und war nicht auf einem der untergegangenen Schiffe. Doch je mehr schreckliche Nachrichten von ankommenden Flüchtlingen sie hörten, desto mehr schwand ihre Hoffnung, Mutti lebend wiederzusehen.

Auf Rügen schien die Welt noch in Ordnung zu sein, und ein ganz normales Leben zu herrschen. Alles lief seinen geregelten Gang. Die schulpflichtigen Kinder hatten in die Schule zu gehen. Hierzu gehörte auch Helmut. Er, der gerade miterlebt hatte, wie der Krieg verloren und die Hitlerzeit zu Ende ging, erlebte nun in der Schule wieder Abläufe wie er sie vor Jahren in Ostpreußen in der Hitlerwelt erlebt hatte. Abläufe, die in krassem Gegensatz zu dem Erlebten standen. Viele der Rüganer glaubten nach wie vor an den Endsieg. Ihr nach außen gezeigtes Verhalten in Bezug auf Hitler hatte sich in den letzten Kriegsmonaten nicht geändert. So mussten die Schüler zu Beginn der Stunde nach wie vor aufstehen und bei Eintritt des Lehrers den Hitlergruß bezeugen. Dass dies, so wenige Monate vor Kriegsende, noch immer fester Bestandteil des Unterrichts war, fand und findet Helmut auch heute noch sehr befremdlich!

Wenige Wochen nach der Ankunft auf Rügen setzten bei Tante Herta die Wehen ein. Ein Krankenhaus war nicht in der Nähe. Erkundigungen ergaben, dass in Sellin in einem Hotel eine Krankenstation eingerichtet war. Dort sollte auch eine Hebamme sein. Die Frage war nur, wie sollte Tante Herta dort hinkommen, schließlich waren es über 15 Kilometer, also viel zu weit, um die Strecke zu Fuß zu gehen. Da fiel ihnen ein, dass der Melkwagen, ein Pferdefuhrwerk mit offener Ladefläche und eisenbeschlagenen Holzrädern, täglich die Milchkannen vom Land nach Sellin brachte, und da der Milchwagen auch täglich durch ihr Dorf kam, fragten sie den Kutscher, ob er Tante Herta mitnehmen würde. Er wollte aber nicht. Er hatte Angst davor, unterwegs Hebamme spielen zu müssen. Zudem war die Straße gepflastert, und die Eisenräder würden holpernd über das Kopfsteinpflaster poltern. Das wäre bestimmt nicht sehr gut für die werdende Mutter. Tante Herta sah aber in der Fahrt mit dem Milchwagen die einzige Möglichkeit, um nach Sellin zu kommen. Schließlich gelang es ihr, den Kutscher zu überreden, sie doch mitzunehmen.

Tante Herta setzte sich hinten auf den Melkwagen mitten zwischen die Milchkannen und dann ging die holprige Fahrt durch die anderen Dörfer in Richtung Sellin los. Bis auf ein paar lädierte Knie und einem schmerzenden Hinterteil kam Tante Herta wohlbehalten in Sellin an. Sie ging zu dem Hotel und dort auf die Krankenstation. Bereits wenige Stunden später kam Hannelore zur Welt. Es war der 6. März 1945.

Lange konnte Tante Herta nicht auf der Krankenstation bleiben, um sich von der Geburt zu erholen. Wie Flüchtende berichteten, verlagerte sich die Front immer weiter in Richtung Westen, und langsam, aber unaufhaltsam würde die russische Armee auf Rügen zu rücken. Zum Glück wusste die Familie, wo sie hinfahren sollte. Auch sie hatten an Tante Anneliese in Berendshagen geschrieben und erfahren, dass Mutti und

Ulla wohlbehalten in Mittelnkirchen angekommen waren und dort eine Bleibe gefunden hatten. Um noch rechtzeitig von der Insel Rügen herunterzukommen, bevor die russischen Streitkräfte auch Rügen abriegelten, packten sie erneut ihre Siebensachen und fuhren wenige Tage nach Hannelores Geburt mit dem Bus nach Stralsund. Von dort aus schafften sie es, in einen der überfüllten Züge zu kommen, mit dem sie bis Hamburg fuhren. Von dort aus war es nicht weit bis nach Mittelnkirchen im Alten Land. Sie fuhren nach Wedel und von dort mit der Lühe-Schulau- Fähre über die Elbe. Nun waren es nur noch vier Kilometer zu Fuß bis Mittelnkirchen. Hier erwartete Mutti sie schon sehnsüchtig. Hatte sie doch wochenlang nicht gewusst, wie es um die auf Rügen gelandeten Familienmitglieder bestellt war. Die Nachrichten über den weiteren Vormarsch der russischen Streitkräfte in Richtung Westen ließen Schlimmes befürchten. Und ihre Tochter Ingrid vermisste sie besonders stark. Nun aber, als sie sich endlich nach der Fluchtodyssee wiedersahen, fielen sie sich überglücklich in die Arme. Nun sah für Mutti die Zukunft etwas rosiger aus. Nun hatte sie „ihre Familie" wieder bei sich und gemeinsam würde ein Neuanfang leichter fallen. Zunächst aber mussten die Neuankömmlinge eine Unterkunft finden. Da die Verteilung der Flüchtlinge in der Schule stattfand, gingen sie dort hin.

Dank der Zwangszuweisung erhielten Tante Ella mit ihren Kindern eine Unterkunft bei dem Bauern G., in Nachbarschaft zu dem Pfarrhaus. Zufrieden damit waren sie allerdings nicht. Zunächst mussten sie in einem auf der Tenne (Diele) für die Mägde abgetrennten Koben wohnen. Ein Koben ist eine armselig eingerichtete Hütte oder Gemach. Der Koben, der ihnen zugewiesen wurde, war für die große Familie viel zu klein. Eine Heizung gab es nicht. Schlafen mussten sie auf einer mit Stroh gefüllten Matratze. Nach kurzer Zeit weigerte Adelheid sich abends zum Schlafen auf die Matratze zu legen. Sie behauptete, jedes Mal, wenn sie sich zum Schlafen hinlegte, würde sie ein Quieken unter sich aus der Matratze hören. Tante Ella untersuchte daraufhin das Innere der Matratze und fand schnell die Ursache für das Quieken. In der Matratze hatten die Mäuse ein Nest gebaut, und das Quieken, das Adelheid hörte, kam von den jungen Mäusen.

Mutti überredete den Pfarrer, weiteren Platz in seinem Haus für die Aufnahme ihrer verbliebenen neu angekommenen Verwandten zu schaffen. Deshalb wurde in aller Eile ein weiterer Raum in dem Pfarrhaus in zwei zusätzliche Zimmer aufgeteilt. In das eine zogen Oma und Onkel Bruno, in das andere Tante Herta mit Hannelore ein. Nun waren alle neu angekommenen Familienmitglieder einigermaßen untergebracht.

Besonders zufrieden waren sie darüber, dass die Unterkünfte so dicht beieinander lagen.

Der Bauer G. wusste, dass die Unterbringung von Tante Ella und ihren Kindern in dem Koben nur eine Notlösung sein konnte. Er war einer derjenigen, die versuchten, den Flüchtlingen zu helfen, deshalb bot er ihnen schon bald ein Quartier in seiner Apfelscheune an. Hier hatten sie zwar mehr Platz, doch dort war es auch sehr kalt und der Raum wurde nie sehr warm. So behalfen sie sich mit Wärmflaschen, die sie am Abend ins Bett legten. Der Raum war so groß, dass sie nun die Möglichkeit hatten, einige Möbel hineinzustellen. Nun glaubten alle, endlich am Ende ihrer langen Reise angekommen zu sein. Dies würde ihre neue Heimat werden. Viel mehr, als das, was sie erhalten hatten, konnten sie zunächst nicht erwarten.

Die Wohnung in Mittelnkirchen

Das Pfarrhaus lag quer zur Straße. Um in unsere Wohnung zu kommen, mussten wir auf der linken Seite ganz um das Pfarrhaus herumgehen. Hier hatten Handwerker auf der rechten Stirnseite ein Fenster herausgebrochen und eine Tür eingesetzt, damit wir von dort aus in unsere Wohnung gehen konnten. Zuerst gingen wir in einen kleinen ca. 1 qm großen Flur, von dem rechts und links je ein Raum abging. Auf der linken Seite wohnten Bruno, Oma und Tante Herta mit Hannelore, in dem rechten Zimmer Mutti, Ingrid und Ulla. Dieser Raum war höchstens 30 qm groß, mit einer kleinen angrenzenden Kochnische, die durch einen Vorhang abgetrennt war. Die Waschküche befand sich in einem kleinen Anbau links von unserem Hauseingang. Gegenüber dem Eingang war ein Stall.

Zwar waren die Zimmer alle extrem klein, aber es war mehr als sie erwartet hatten, und es war allemal besser als noch auf der Flucht zu sein. Hier im beschaulichen Mittelnkirchen schien alles ruhig und friedlich zu sein. Alles in Allem waren sie froh, endlich eine feste Bleibe und ein Dach über dem Kopf gefunden zu haben. Viel wichtiger aber war, dass sie wieder vereint waren und sich gegenseitig in dieser schweren Zeit in ihrer Not beistehen konnten.

Von der Familie fehlten jetzt nur noch Papa, Tante Hertas Mann Onkel Willi, und Opa. Papa aber war im Krieg, und soviel Mutti inzwischen wusste, irgendwo in Frankreich. Von Opa hatten sie nichts gehört. Auch von Onkel Willi wussten sie nicht, ob er noch lebte und wo er zurzeit war. Um Nachricht von diesen zu erhalten, hatten sie Kontakt mit dem Suchdienst des Roten Kreuzes aufgenommen, ihre jetzigen Adressen aufgegeben und die Daten der Gesuchten mitgeteilt.

Nun mussten sie abwarten, ob die Suche erfolgreich sein würde. Bis dahin mussten sich die Frauen alleine durchschlagen.

Die ersten Monate in der neuen Heimat

Für Mutti und ihre beiden Töchter begann eine harte Zeit. Es fehlte nicht nur an Nahrungsmitteln und an Kleidung, sondern auch an Entgegenkommen seitens der Einheimischen. Niemand war erfreut darüber, dass das friedliche Dorf plötzlich „übersät" wurde mit so vielen Fremden, mit Flüchtlingen, wie viele der Einheimischen verächtlich sagten. Auch waren sie nun gezwungen, ihren Wohn- und Lebensraum mit diesen Fremden zu teilen.

Wenn sie wie sonst abends wie gewöhnlich über den Hof gehen oder gemütlich vor dem Haus sitzen und die Abendsonne genießen wollten, da saß oder ging dort schon einer von den Neuankömmlingen. Für die Einheimischen, die vorher alleine bestimmten, eine ungewohnte Situation. Nun mussten sie die Eindringlinge tolerieren. Am liebsten wären sie die Störenfriede gleich wieder losgeworden! Nun war es mit ihrer Alleinherrschaft auf dem Hof vorbei, oder eventuell doch nicht? Sie wollten den Flüchtlingen schon zeigen, wer hier auf dem Hof oder im Haus das Sagen hatte! Sie schikanierten die Flüchtlinge, wo sie konnten. Sie gaben ihnen die schlechtesten Unterkünfte, die sie hatten und versorgten sie nur mit dem Notwendigsten. Wollte ein Flüchtling etwas vom Hauseigentümer haben, so musste er es sich förmlich erbetteln. Fast überall wurden die Flüchtlinge wie Bittsteller von „oben herab" nach Gutsherrenart behandelt.

Andererseits befürchteten die Alteingesessenen, dass die Neuankömmlinge ihnen die Arbeit wegnehmen würden, und jetzt, in den letzten Kriegsmonaten wurden die Lebensmittel immer knapper, und die sollten sie auch noch mit den Neuankommenden teilen! Niemals! So dachten viele. Bedauern über das Schicksal der Flüchtlinge, die Hab und Gut verloren hatten, die so viel Leid ertragen und so viel Entsetzliches auf der Flucht durchgemacht hatten, kannten sie in der Regel nicht. Hilfsbereitschaft war meist nicht vorhanden, Wohnraum wurde nicht freiwillig angeboten. Deshalb waren Zwangseinweisungen durch die Verwaltung das Normale. Folglich waren Neid, Missgunst, Verachtung aber auch Schikanen an der Tagesordnung. Wenn die Einheimischen von Flüchtlingen sprachen, so schwang nicht Bedauern und Mitleid in ihrer Stimme, sondern Verachtung. So wurde das Wort „Flüchtling" zum Schimpfwort. Ein Schimpfwort, unter dem auch wir Kinder litten und auch noch viele Jahre später leiden mussten. Als Flüchtlinge waren wir abgestempelt als Menschen zweiter Klasse. Mag sein, dass dies auch eine Ursache mit dafür war, dass meine Eltern überaus ehrgeizig waren, und diesen Ehrgeiz auch in uns gefördert haben.

Die Menschen, die auf ihrer Flucht Hunger, Strapazen und Leid ertragen, die alles verloren hatten, erfuhren nun eine neue Art von Schmerz. Sie, die vorher selbstständig ihr Leben bestimmten, die Eigentum hatten, waren plötzlich Bittsteller, waren auf Almosen angewiesen und mussten Schikanen klaglos hinnehmen, sie waren ja nur Geduldete!

Doch an all diese Dinge gewöhnte Mutti sich, auch wenn es manchmal schwer und kaum zum Aushalten war. Die Sorgen um die existenziellen Bedürfnisse waren viel größer und überlagerten alles. Wie sollte sie die nötigen Lebensmittel besorgen? Womit die Kinder und sich selbst durchbringen? Woher die Schuhe nehmen und so weiter, und so weiter. Fast täglich tauchten neue Probleme auf. Alles, was zum täglichen Leben gehörte, war rationiert, das heißt äußerst knapp. Der Bezug der Dinge wurde durch einzelne Berechtigungsscheine geregelt. Es gab unter anderem Lebensmittelkarten, Bezugskarten für Heizmaterial, für Schuhwerk, für Tabak, für Benzin usw. Die Lebensmittelkarten legten zum Beispiel die tägliche Kalorienmenge fest, die jeder

Person zustand. Die Kalorienmenge, die jedem zustand, verfügte die jeweilige Militärregierung. Dabei wurde zwischen arbeitenden und hart arbeitenden Personen, zwischen Kindern und Frauen unterschieden. So standen einem Arbeiter täglich 380 Gramm Brot, 35 g Fleisch, 35 g Nährmittel, 17 g Fett, 60 g Kaffee, meist Muckefuck, 4 g Käse, 17 g Zucker und 20 g Tee zu. Das waren täglich 1550 Kalorien. Die waren natürlich nicht ausreichend. Heutzutage rechnet man 2000 bis 3000 Kalorien pro Tag, also ungefähr das Doppelte. Da die Menschen von der Flucht aber ausgemergelt waren und meist in schlecht beheizten Räumen wohnten, hätten sie deutlich mehr Kalorien haben müssen, mehr als die 2000 bis 3000.

Die Preise der zu kaufenden Produkte waren bereits im Rahmen der Kriegswirtschaftsordnung von 1939 festgelegt und so niedrig gehalten worden, dass sie für alle erschwinglich waren. Lebensmittel mussten zu den ebenfalls festgelegten Preisen verkauft werden. Beim Kauf musste der entsprechende Coupon der Lebensmittelkarte abgegeben werden.

Im Verlaufe der Kriegsjahre und danach waren die Berechtigungsmengen wegen der Knappheit der Ressourcen immer weiter eingeschränkt worden, so dass die meisten Menschen, insbesondere die Flüchtlinge, in bitterer Armut und ständigem Hunger lebten.

Auch für Mutti und ihrer Familie reichten die ausgegebenen Lebensmittelkarten nur zur Linderung der größten Not. Satt wurden sie von dem, was sie hierfür kaufen konnten, beziehungsweise bekamen, nicht. Aber wie so viele andere Menschen gehörte Mutti nicht zu denjenigen, die vorher in Saus und Braus gelebt hatten. Sie war in einer Fischerfamilie mit neun Geschwistern aufgewachsen. Da lernte man erfinderisch und voller Ideen zu sein. Schon zu Hause in Ostpreußen musste sie von Kindesbeinen an mithelfen, im Haushalt, beim Einkaufen oder beim Verkaufen von Fisch auf dem Markt von Königsberg oder anderen Märkten. Damit sich alle satt essen konnten, hatte sie bereits damals gelernt, aus dem Wenigen das zur Verfügung stand, viel zu zelebrieren. So hatte sie viele Ideen, den großen Hunger zu stillen. Sie kannte alle Tricks. Sie war eine hervorragende Köchin, die aus etwas, über das andere nur die Nase rümpften, die schmackhaftesten Mahlzeiten zauberte. Als Beispiel ihrer ausgefallenen Kochideen nenne ich hier nur: Gänsefüßchen mit Därmen umwickelt oder Gänsebregen. Als Bregen bezeichneten die Ostpreußen das Gehirn. Es sah hell und kräuselig aus und schmeckte ein bisschen wie Leber und ein bisschen wie Niere. Bei dem Hunger, den wir immer hatten, war es uns nahezu egal, was auf den Tisch kam, Hauptsache, man konnte es essen. Die Nase rümpfen, oder etwas übrig lassen, so etwas gab es bei uns nicht.

Wie aus den Beispielen ersichtlich, wurde jede Gelegenheit genutzt, etwas Brauchbares zum Essen für die Familie zu beschaffen. Einmal lief die große Schar Gänse des Nachbarn über den Hinterhof. Mutti sah gerade aus dem kleinen Fenster. Blitzschnell erfasste sie die Situation, eilte aus dem Haus und trieb die Gänse in unseren Stall. Gleich darauf ließ sie sie wieder hinaus und siehe da, eine fehlte. Die Nachbarin, natürlich eine Einheimische, mit der Mutti ohnehin ständig im Streit lag, verdächtigte sofort Mutti, die Gans gestohlen zu haben und rief die Polizei.

Wenn hier von Polizei gesprochen wird, so war damit der Dorfgendarm gemeint, der ein paar Häuser weiter wohnte. Hoheitsvoll und erwartungsfroh, einen Flüchtling des Diebstahls überführen zu können, kam nun besagter Gendarm anmarschiert. Er beschuldigte Mutti, die Gans gestohlen zu haben. Mit einer unvergleichlichen Unschuldsmiene verneinte Mutti dies. Um nun den Anschuldigungen nachzugehen und um sich selbst zu vergewissern, ordnete der Gendarm eine Hausdurchsuchung an. Das heißt, da er alleine war, suchte er höchstpersönlich nach der Gans. Unter allen Tischen, in und auf allen Schränken forschte er nach der Gans, aber er fand keine. Die ganze Zeit stand die Nachbarin dabei. Man konnte schon die Schadenfreude in ihrem Gesicht ablesen, in Erwartung dass der Polizist die Gans finden würde. Doch trotz intensiver Suche in allen Ecken und Winkeln fand der Gendarm wider Erwarten keine Gans. So musste er unverrichteter Dinge wieder abziehen, zwei Frauen zurücklassend, die eine zeternd wie ein Waschweib, die andere mit einem Grinsen im Gesicht.

Als alle wieder abgezogen waren, ging Mutti in die Waschküche, griff in den großen Waschkessel, der bis oben hin mit Wäsche gefüllt war, holte die Gans darunter hervor und begann diese seelenruhig zu rupfen. Und wieder hatte die Familie eine Woche lang etwas zu essen.

Als endlich am 8. Mai 1945, der Krieg vorbei war, atmeten die Menschen auf. Nun brauchten sie keine Angst mehr zu haben vor Bombenangriffen. Es gab keinen Gefechtslärm mehr. Zum ersten Mal seit langer Zeit gab es auch im Radio keine Berichte mehr über Gefechte und Siege. In die Freude aber mischte sich die bange Erwartung, wie es weitergehen würde. In Niedersachsen waren die englischen Soldaten einmarschiert und hatten sofort die Regierungsgeschäfte übernommen und bestimmten fortan das Geschehen im Lande.

Nun nach Beendigung des Krieges warteten Mutti und ihre Familie sehnsüchtig auf Nachricht von ihren Lieben, die noch bis vor kurzem im Krieg waren, und deren Schicksal nach wie vor ungewiss war.

Eines Tages brachte der Briefträger einen Brief vom Roten Kreuz. Bangen Herzens nahm Mutti diesen entgegen. Sie wagte nicht, ihn zu öffnen. Enthielt er gute oder schlechte Nachrichten? Schließlich wagte sie es doch. Mit einem Aufschrei stürzte sie zu Oma. „Max lebt, Max lebt! Er weiß, wo wir wohnen, und er kommt!" Freudestrahlend nahm sie ihre Kinder in die Arme und jubelte vor Glück.

Nun vergingen die Tage sehr langsam, das Warten auf Papas Rückkehr war nervenaufreibend.

Papas Rückkehr

Dann endlich eines Abends Ende Juli 1945, die Sonne war schon am Untergehen, klopfte es an der Tür. Sofort schoss der Gedanke in Muttis Kopf, könnte er das sein? So spät klopfte doch sonst niemand. Voller Erwartungen öffnete sie die Tür. Tatsächlich, da stand er, gestützt an die Hauswand, ausgemergelt, dünn geworden, mit einem zerzausten Bart und zerrissener Kleidung. Bleich war er geworden, nicht mehr das blühende Leben wie einst. Mager, die Kleidung schlotterte ihm um den Leib. Er sah aus wie ein Wegelagerer. Fast hätte sie ihn nicht erkannt, so schlimm sah er aus. Aber das Erschrecken dauerte nur Sekunden, dann warf sie sich mit einem Aufschrei in seine Arme. Sie holte ihn in die Wohnung und rief Ingrid herbei. Ingrid erkannte Papa aber nicht, sie fürchtete sich vor dem fremden Mann. Ullas Reaktion war noch stärker. Sie fing sofort laut an zu schreien, als Papa sie in die Arme nehmen wollte. Nach dieser kurzen Begrüßung zog Mutti Papa die zerschlissenen Stiefel aus, bereitete heißes Wasser und goss einen Teil in eine Schüssel, damit er sich darin seine wund gelaufenen Füße reinigen konnte. Den Rest gab sie in einen Waschzuber, in den sich Papa setzte und von Mutti eingeseift und abgeschrubbt wurde. War das eine Freude über die gesunde Rückkehr von Papa!

Wenn Papa uns später vom Krieg berichtete, hörte sich das für uns Kinder sehr grausam an. Gleichzeitig war er so etwas wie ein Held für uns. Was hatte er doch alles erlebt, und den Feind, seinen Gegner, hatte er auch immer besiegt.

Zuletzt hatte Papa in Frankreich gekämpft, obwohl er eigentlich Marinesoldat war. Die ersten Jahre des Krieges war er auf einem Zerstörer gewesen, zuletzt auf einem Kriegsschiff bei Narvik in Norwegen. Als dieses wieder in Deutschland anlegte, verließ er es, um seinen Heimaturlaub anzutreten, den es regelmäßig für kurze Zeit für die Soldaten gab. Wenn er hiervon berichtete, erzählte er gern die Geschichte von der Wahrsagerin, die damals an der Kaimauer stand, als er das Schiff verließ. Sie bot ihm an, aus seiner Hand zu lesen. Papa willigte ein. Sie sah auf seine Handlinien, machte ein ernstes Gesicht, und sagte: Er würde nicht mehr auf dieses Schiff zurückkehren. Nach seinem Heimaturlaub würde es wieder auf hoher See sein und das würde sein Glück sein. Denn das Schiff würde mit Mann und Maus untergehen. Und tatsächlich, nach dem Heimaturlaub hatte das Schiff den Hafen verlassen und er wurde zur Front nach Frankreich abkommandiert. Das Schiff aber ging tatsächlich mit „Mann und Maus" vor Norwegens Küste unter. Seitdem glaubte Mutti an derartige

Vorhersagen und las auch später noch fleißig die Horoskope in der Zeitung.

Als Papa an die Front nach Frankreich abkommandiert wurde, ging der Krieg bereits in die Endphase. Allerdings glaubten die meisten Deutschen nach wie vor an den Endsieg. Dieser wurde immer noch im Radio propagiert. Aufgrund immer neuer Kampferfolge, die verkündet wurden, glaubten auch noch sehr viele Soldaten an die Erfolge. Es gab nur wenige, die daran zweifelten. Laut zu verkünden wagte es aber keiner, denn das galt als Wehrzersetzung und kam einem Kriegsverbrechen gleich.

Die Kämpfe in Frankreich waren grausam und hart. Im Kampf Mann gegen Mann überlebte nur der, der zuerst schoss. Immer wieder berichtete Papa davon, dass er keine Rücksicht genommen hatte. Wir Kinder waren damals stolz auf ihn und glaubten, Papa hätte Heldenhaftes vollbracht. Erst viel später, als wir in der Schule die Geschichte des 3. Reichs als Thema behandelten, wurde uns klar, welche Verbrechen Hitler damals begangen hatte. Wir begriffen, wie abscheulich Krieg war und verstanden nicht, warum die Menschen nicht aus der Vergangenheit gelernt hatten, und immer wieder neue Kriege anfingen.

Sicherlich musste Papa damals den Befehlen der Vorgesetzten gehorchen, wollte er nicht als Kriegsverweigerer dastehen und vom Kriegsgericht vielleicht zum Tode verurteilt werden. Auch desertieren hätte er nicht können, denn auf Desertion stand die Todesstrafe. So blieb ihm nur die Wahl zu töten oder getötet zu werden. Und da Papa sich stets als harter Bursche gab, wählte er stets das Erste. Allerdings hatte ich immer den Eindruck, dass Papa stolz war auf seine Taten und gerne Soldat gewesen war. Hieraus machte er keinen Hehl. Auch verschwieg er nicht die Tatsache, dass er sich freiwillig zur SS gemeldet hatte. Leider, so sagte er, sei er nicht genommen worden, weil er das geforderte Gardemaß nicht hatte, er war einige Zentimeter zu klein. Sein Leben lang glorifizierte er Hitler, was für mich völlig unverständlich war. Oft sagte er später, wenn er sich mal wieder über die Politik ärgerte oder über die vielen Diebstähle, die geschahen, nur so einen kleinen Hitler brauchen wir, dann wird alles anders und besser und zeigte auf die Fingerspitze seines Daumens.

Als der Krieg zu Ende war, kamen viele Soldaten der deutschen Wehrmacht in ein Kriegsgefangenenlager. Hiervon wusste Papa. Damit es ihm nicht auch so erging, warf er seine Uniform weg und besorgte sich zivile Kleidung. Dann machte er sich zu Fuß auf den Rückweg nach Deutschland. Immer wenn er eine französische Patrouille sah, versteckte er sich. Die beste Zeit zu marschieren war deshalb nachts. Tagsüber schlief er in abseits gelegenen Ställen, in Heu- oder Strohschobern oder einfach im Wald, es war ja nicht mehr so kalt. Kontakt zu Menschen vermied er möglichst. Gelegentlich fiel ihm auch ein Fahrrad in die Hände. Das benutzte er solange, bis es kaputt ging. Infolge der Berge, die er auf der Heimfahrt überqueren musste, war es für ihn, der aus Ostpreußen keine Berge gewohnt war, schon eine gewaltige Anstrengung. Besonders schlimm war es bergab, dann musste Papa immer mit den Hacken bremsen, weil die damaligen Handbremsen nicht so gut waren. Die französischen Fahrräder hätten keine Rücktrittsbremsen gehabt, sagte er. So litten die Stiefel bergab besonders. Einmal riss beim Bremsen bergab ein Hacken von dem einen Stiefel ab, und für eine Weile musste Papa mit dem kaputten Stiefel weiter fahren bzw. humpeln. Bis er Ersatz hatte, dauerte es doch einige Zeit. Erst als Papa einen toten Soldaten am Wegesrand fand, der zudem noch die gleiche Schuhgröße hatte wie er, konnte er die Stiefel wechseln. Nach fast drei Monaten qualvoller und gefahrenreicher Wanderung erreichte Papa endlich Mittelnkirchen. So wie Papa die Episoden der Flucht auf dem Fahrrad schilderte, dachten wir als Kinder immer, die armen Franzosen, haben Fahrräder ohne Bremsen.

Mit der Freude über Papas wohlbehaltene Rückkehr stieg aber auch die Sorge über die weitere Verknappung der Lebensmittel, die über die Lebensmittelkarten zu kaufen waren. Ausgehungert wie Papa war, aß er wie ein „Scheunendrescher", um wieder zu Kräften zu kommen, und die Dinge, die wir auf die Lebensmittelkarten kaufen konnten, reichten bei Weitem nicht. So mussten Mittel und Wege gefunden werden, dieses Kontingent weiter aufzustocken. Hierfür war Papa genau der richtige Mann. Er war ein Meister im „Organisieren". Egal was es war, und was auch immer benötigt wurde, Papa besorgte es.

Leider hatte Muttis Bruder August nach Kriegsende nicht so viel Glück wie Papa. Er war im August 1945 aus französischer Kriegsgefangenschaft entlassen worden und auf dem Weg nach Mittelnkirchen. Dort wollte er in wenigen Tagen ankommen, wie er schrieb. Muttis Familie wartete jedoch vergebens auf ihn. Auf dem Weg nach Mittelnkirchen verschwand er einfach spurlos. Alle Nachforschungen, etwas über seinen Verbleib zu erfahren, verliefen im Sande. Er blieb spurlos verschwunden. Mag sein, dass einer der früheren feindlichen Soldaten in ihm den ehemaligen deutschen Soldaten erkannt hatte, und ihn erschoss, um sich zu rächen. Das passierte in der Zeit häufig. Die Mörder wurden auch nicht gesucht, wenn die Tat in Frankreich passierte und das Opfer ein Deutscher war. So wurde Muttis Bruder August schließlich als vermisst erklärt, vermisst in Frankreich im August 1945.

Papa der Organisierer

Die Fleischversorgung

In den Nachkriegsjahren kam es regelmäßig zu Viehzählungen. Die Militärregierungen hatten Quoten vorgegeben, wie viele Schweine und Kühe ein Bauer maximal halten und schlachten durfte. Überschritt er diese Zahl, wurden die Tiere von der Militärregierung, den britischen Besatzungsmächten, konfisziert. Das Fleisch wurde dringend für die hungernde Bevölkerung benötigt. Da die Bauern aber für das Vieh, das sie an die Militärregierung abgeben mussten, nur einen geringen Geldbetrag erhielten, wollten sie ihre Tiere lieber privat für deutlich mehr Geld verkaufen. Also versteckten sie die Tiere. Kühe, Schafe und auch Schweine trieben sie weit weg von den Häusern in die Obsthöfe oder Wiesen, um sie so vor dem Zugriff zu schützen. Dorthin gab es keine Straße, und so waren sie vor Beschlagnahmung durch die Engländer und die deutsche Obrigkeit einigermaßen sicher, aber nicht vor Papa.

Wenn Schmalhans Küchenmeister mal wieder herrschte, das heißt, wenn das Essen knapp wurde, dann fing Papa an zu planen und zu erkunden. Er spionierte aus, wo Tiere versteckt waren, und wartete auf dunkle Nächte, möglichst mit Regen oder Nebel. Kam solch eine Nacht, in der man gerade noch genug sehen konnte, schlich sich Papa gegen Mitternacht aus dem Haus, mit einem langen, scharfen Messer und einem dicken Knüppel bewaffnet. Auf dem Rücken hatte er einen großen Sack, in dem er das Fleisch transportieren wollte. Meist war er nicht allein, sondern hatte sich mit Onkel Bruno verabredet. Gemeinsam schlichen sie, die Dunkelheit und die schlechte Sicht ausnutzend, in die Obsthöfe. Dort, wo das Vieh graste, suchten sie Deckung in einem der Gräben und beobachteten lange die nähere Umgebung. Sie mussten sich sicher sein, dass nicht andere „Selbstversorger" unterwegs waren und es ebenfalls auf die vor ihnen grasenden Tiere abgesehen hatten. Das wäre ungünstig für das Vorhaben gewesen. Sie wären sich in die Quere gekommen, und unter Umständen hätten sie sich um die besten Tiere gestritten und dabei zu viel Lärm gemacht. Auch wusste man in der dunklen Nacht nicht, wer dort lauerte, Freund oder Feind. Die Gefahr bei solchen Begegnungen erstochen oder gar erschossen zu werden, war ihnen zu groß. Sahen sie also irgendjemanden in der Nähe der Tiere, dann gaben sie ihr Vorhaben lieber auf. Bei allen nächtlichen Organisierern war die Angst, einem Polizisten oder einem britischen Soldaten in die Hände zu fallen und ins Gefängnis zu kommen, zu groß. Deshalb wurde meist zuerst gestochen, geschlagen oder geschossen und erst danach gefragt, ob es Freund oder ob es Feind war, den man verletzt oder gar getötet hatte.

Der eigentliche Zweck des Abwartens und Ausspähens der Umgebung diente aber in erster Linie der Entdeckung möglicher Bewacher des Viehs. Deshalb lagen sie oft eine Stunde in ihrer Deckung und achteten auf die kleinste Bewegung in ihrem Umkreis. Bevor sie zur Tat schritten, mussten sie sich absolut sicher sein, dass der Bauer keinen Wachtposten aufgestellt hatte und auch keine Polizei dort lauerte. Auf beides mussten sie vorbereitet sein, denn oft genug arbeiteten die Bauern mit der Polizei Hand in Hand. Für seine „Dienste" und sein Stillschweigen entlohnte der Bauer den Polizisten entsprechend. So war immer besondere Vorsicht geboten, denn das Schlimmste, was Papa und Onkel Bruno hätte passieren können, war, beim Schlachten und Transport des Fleisches erwischt zu werden, denn dann wären sie garantiert ins Gefängnis gebracht worden, angezeigt wegen Diebstahls und Schwarzschlachtens.

So hatten sie sich vor ihren Einsätzen alles genau überlegt und durchgeplant. Sie hatten abgesprochen, wie sie sich verständigen wollten, was sie machen sollten, wenn sie entdeckt würden, wer das Tier ergreifen, wer es festhalten und wer es schlachten sollte. So wollten sie sicher sein, dass am „Einsatzort" alles wie am Schnürchen ablief. Vor Ort verständigten sie sich dann leise auf das Schaf, das sie mitnehmen wollten, griffen es, einer hielt es fest und der andere schnitt ihm die Kehle durch. Schnell wurde das Fell abgezogen, das Schaf ausgenommen, das Fleisch in die mitgebrachten Säcke getan und der Rest versteckt, damit der Diebstahl nicht so schnell entdeckt würde. Dann ging es auf Schleichwegen wieder nach Hause. Sie mussten ja noch vor der Dämmerung zurück sein.

Zu Hause wurde das Fleisch in kleine Stücke zerlegt und unter den beiden aufgeteilt. Anschließend versteckten sie ihre Beute gut, man wusste ja nie, ob es nicht in den nächsten Tagen Hauskontrollen geben würde.

Bei all ihren Streifzügen hatten die beiden stets Glück, sie kamen immer ungeschoren davon, auch wenn sie das eine oder andere Mal doch einen Beutezug abbrechen mussten, weil sie bemerkten, dass die Tiere bewacht wurden oder jemand in der Nähe war. Dann gingen sie in der nächsten Nacht wieder los und suchten sich einen anderen Hof. So brachten sie von ihren nächtlichen

Unternehmungen außer den bereits erwähnten Schafen von irgendeiner Wiese auch mal ein Huhn oder eine Gans aus einem Hühnerstall mit, deren Fleisch die Mahlzeiten für die nächsten Tage oder auch Wochen anreicherte.

Durch diese nächtlichen Beutezüge hatten alle Familienmitglieder stets ausreichend zu essen und mussten nicht hungern, so wie viele andere Flüchtlingsfamilien.

Einmal allerdings, berichtete Papa, wurden sie tatsächlich entdeckt und waren in großer Not. Sie waren gerade dabei, dem Schaf das Fell abzuziehen, als plötzlich jemand schrie: „Halt, Polizei, Hände hoch und stehen bleiben." Papa und Onkel Bruno sprangen auf und dachten nicht im Entferntesten daran, dem Befehl Folge zu leisten. Sie rannten, jede Deckung ausnutzend, jeder in eine andere Richtung davon. Schüsse peitschten durch die dunkle Nacht und Kugeln pfiffen ihnen um die Ohren. Gott sei Dank kam Papa heil aus der Situation heraus. Auf dem schnellsten Weg lief er nach Hause, zum Glück hatte ihn niemand erkannt. Am nächsten Morgen ging er erst einmal nachsehen, ob auch Onkel Bruno unversehrt nach Hause gekommen war. Als Papa feststellte, dass dies der Fall war, war er sehr erleichtert, und der Vorfall war schnell vergessen.

Nun war es aber nicht so, dass wir nur von den Lebensmittelkarten und dem was Papa „organisierte" lebten, sondern wir hielten selbst mehrere Schweine, die auch ab und zu Ferkel hatten. Es durfte natürlich nicht bekannt werden, dass wir mehr als die erlaubten Schweine hielten und auch schlachteten. Papa meldete vorschriftsmäßig jedes Jahr ein Schwein zum Schlachten an. Die anderen wurden natürlich schwarz, das heißt ohne Registrierung und Genehmigung geschlachtet. Die zusätzlich geschlachteten Schweine erhielten vom Fleischbeschauer auch keinen Stempel, der besagte, dass sie trichinenfrei waren. Denn auch der Fleischbeschauer durfte von der Schwarzschlachterei nichts wissen, es sei denn, er machte mit denjenigen, die schwarzschlachteten, gemeinsame Sache, was oft genug vorkam. Hatten wir zu viel Schweinefleisch, verkaufte Papa einen Teil auf dem Schwarzmarkt. In all den Jahren, und auch noch später, hatten wir immer so viel Fleisch von unseren Tieren, dass Mutti in all den Jahren kein einziges Mal zum Schlachter gehen musste, um Fleisch zu kaufen. Wir hatten immer genug.

Wie man sich denken kann, reichte das Fleisch eines Schweines bei der großen Familie nicht lange. Wenn also wieder einmal ein Schwein heimlich geschlachtet werden sollte, wurde dies sorgfältig geplant. Papa zog vorher heimlich Erkundigungen ein, ob der Dorfgendarm zum Zeitpunkt des Schlachtens in der Nähe sein würde. Da dieser nur ein paar Häuser weiter wohnte, war die Gefahr, entdeckt zu werden, besonders groß. Der beste Zeitpunkt für das Schlachten war, wenn man genau wusste, dass er wieder wegen einer dienstlichen Angelegenheit ortsabwesend war.

Eines Tages sollte wieder geschlachtet werden. Die Informationen, die Papa vorher eingeholt hatte, besagten, dass der Gendarm zu diesem Zeitpunkt nicht da sein würde. Das war die Gelegenheit zum Schlachten und Papa schritt zu Werke.

Entgegen der Vorhersage fiel die dienstliche Verabredung des Dorfgendarms jedoch aus und just in dem Moment, als das Schwein zerteilt werden sollte, tauchte er auf. Jemand musste ihm einen Tipp gegeben haben. Zum Glück hatten wir auch an diesem Tag, wie zuvor, eine Wache aufgestellt, die ihn kommen sah. Nun war guter Rat teuer. Wie sollte man den Gendarm daran hindern, das geschlachtete Schwein zu entdecken? Zum Verstecken war es zu spät, und wo sollte es hin, es hing ja noch im Stall am Haken. Aber Papa fiel wie immer etwas ein. Er ging dem Dorfgendarm freudestrahlend entgegen und lud ihn ein, in die Wohnung zu kommen. Widerstrebend folgte der Gendarm dieser Einladung, sein Auftrag war eigentlich ein anderer. In der Wohnung holte Papa seinen selbst gebrannten Kartoffelschnaps hervor. Zwar war auch das Brennen von Schnaps verboten, aber viele taten es heimlich. Hierzu gehörte auch Papa. Im Keller hatte er ein großes Glasgefäß mit allen Utensilien für die Brennerei, die er zur Herstellung von Kartoffel- aber auch Obstschnaps benutzte.

Da Papa wusste, dass der Gendarm kein Kostverächter war, war das Risiko, von ihm wegen Schwarzbrennerei angezeigt zu werden, relativ gering. Papa schenkte dem Gendarm ein Glas nach dem anderen ein. Als dieser schließlich torkelnd nach Hause wankte, wusste er nicht mehr, weshalb er überhaupt zu uns gekommen war. Selbst die Anzeige wegen Schwarzbrennens von Schnaps vergaß er, oder war es, weil er hoffte, mal wieder ein paar Gläser kosten zu dürfen?

Der Schwarzmarkt

Hatte Papa Dinge, die er verkaufen wollte, fuhr er zum Schwarzmarkt in Hamburg. Dort trafen sich diejenigen, die das Risiko nicht scheuten, beim Schwarzhandeln erwischt zu werden und versuchten, sich die existenziellen Dinge für das tägliche Leben zu besorgen.

Alle, die am Schwarzmarkt handelten, tauschten oder Lebensmittelmarken weiterreichten, machten sich strafbar nach dem Gesetz über die

Kriegswirtschaftsordnung. Dieses Gesetz wurde 1939 erlassen, um die knappen Güter während des Krieges bevorraten zu können, damit es nicht wie im ersten Weltkrieg zu Hamsterkäufen kam, und viele Menschen Hungers starben. Das Gesetz, bzw. die Verordnung, galt bis 1949. Sie besagte, dass niemand schwarzschlachten, schwarzhandeln, tauschen, schwarzbrennen, hamstern und Lebensmittelkarten tauschen oder fälschen durfte. Denjenigen, die hierbei erwischt wurden, drohte die Todesstrafe. Derartige Vergehen wurden während des Krieges unerbittlich und konsequent verfolgt. Viele wurden wegen dieses „Verbrechens" erschossen oder gehängt. Sie hatten sich strafbar gemacht, weil sie zum Beispiel mit der Schwarzschlachtung unerlaubt Fleisch der staatlichen Bewirtschaftung entzogen hatten. Allerdings wurden in den Nachkriegsjahren statt der Todesstrafe Gefängnisstrafen verhängt.

Da die Verordnung erst 1949 aufgehoben wurde, waren Verstöße gegen die Kriegswirtschaftsordnung auch bis zu diesem Zeitpunkt mit hohen Risiken für die handelnden Personen verbunden. Regelmäßige Razzien der Polizei auf dem Schwarzmarkt waren an der Tagesordnung. Deshalb mussten Käufer und Verkäufer überaus vorsichtig sein. Die Dinge, die sie feilbieten wollten, hatten sie unter dicken Mänteln oder in Aktentaschen versteckt. War die Ware zu groß, so wurde sie in der näheren Umgebung versteckt, und ein Dritter passte hierauf auf. In solchen Fällen wurden die auf dem Schwarzmarkt agierenden Personen diskret gefragt, ob sie derartiges gebrauchen könnten. Gab es eine Razzia, versuchten die Käufer und Verkäufer so schnell wie möglich zu verschwinden. Manchmal blieb aber nur noch die Wahl, erwischt zu werden oder die Ware, die man bei sich hatte, einfach wegzuwerfen, und zu hoffen, aus Mangel an Beweisen nicht festgenommen zu werden.

Auch Papa fuhr oft mit Schnaps, Obst und Fleisch, das wir über hatten, auf den Schwarzmarkt nach Hamburg. Dort verkaufte oder tauschte er dieses gegen andere Dinge, meist gegen Zigaretten, die wurden von allen genommen, und man konnte mit Zigaretten fast alles kaufen. Es war die Zeit der Zigarettenwährung. Das Tauschen von Zigaretten gegen andere Dinge hatte sich fest etabliert, war aber ebenfalls nicht legal. Doch war es für viele oft die einzige Möglichkeit, sich und ihre Lieben am Leben zu erhalten. Sicherlich waren auch der eine oder der andere dabei, der den Schwarzmarkt als Geschäft sah, um sich zu bereichern.

Mit seinem Handeln auf dem Schwarzmarkt verstieß Papa ständig gegen die Kriegswirtschaftsordnung, aber er wurde dabei nie erwischt oder verraten. Wenn er dann vom Schwarzmarkt in Hamburg mit der Fähre über die Elbe zurück kam, brachte er uns die köstlichsten Dinge mit.

Holz- und Kohlebesorgung

In der Küche stand ein Küchenherd mit Backofen, die sogenannte Küchenhexe. Diese musste mit Holz beheizt werden. Damit wir für die Küchenhexe genügend Brennholz oder Kohle hatten, musste wieder „organisiert" werden.

Die Küchenhexe

Holz zu besorgen war einfacher, hierfür holte sich Papa einen Holzsammelschein beim Förster. Schwieriger war es dagegen, Kohle zu besorgen.

Die einzige Möglichkeit, an Kohle heranzukommen, war, sie von den Eisenbahnwaggons herunterzuwerfen, die über Dollern nach Stade oder Hamburg fuhren. Da die Waggons am Bahnhof besonders streng bewacht waren, und die englische Besatzungsmacht von den Kohlediebstählen wusste, war das Stehlen der Kohle am Bahnhof wegen der möglichen Gefangennahme mit sehr großen Risiken verbunden. So musste eine Stelle gefunden werden, an der man auf den Zug aufspringen konnte. Diese Möglichkeit war kurz hinter oder vor dem Bahnhof gegeben. Hier fuhr der Zug langsam, und wegen einer Kurve hinter dem Bahnhof konnte er nicht so schnell Geschwindigkeit aufnehmen. Zusätzlich etwas Schmierseife auf die Schienen verlangsamte den Zug noch weiter. Bevor es auf Beutezug ging, erkundigte Papa auch hier die Gegend genauestens, um vor bösen Überraschungen, in Gestalt von britischen Soldaten oder deutscher Polizei, sicher zu sein. Dann, bei Beginn der Dunkelheit, lag Papa auf der Lauer. Als der Zug endlich kam, sprang er flink und geschickt wie ein Eichhörnchen auf den Zug und warf so schnell wie möglich so viel Kohle vom Waggon wie er konnte. Bevor der Zug zu schnell wurde oder stoppte, sprang er wieder ab und sammelte die Kohle in mitgebrachte Säcke. Aufgeladen auf dem Fahrrad schob er die Säcke dann nach Hause. Glück war, wenn die Züge längere Zeit auf dem Bahnhof standen, dann musste Papa nur den richtigen Zeitpunkt abpassen, wenn die Bewachung ins Bahnhäuschen ging, um sich zum Beispiel aufzuwärmen. War dieses der Fall, dann lief Papa schnell zum Waggon, und bevor die Wache zurück kam, hatte er schon die Kohle oder die Briketts im Sack verstaut und war wieder verschwunden. All das dauerte nur Minuten, jede weitere Minute hätte die Gefahr vergrößert, entdeckt und eingesperrt zu werden. Aber auch hier hatte er stets Glück, er wurde nie festgenommen.

Holz für den Ofen gab es vor Ort nicht. Aber der Wald lag nicht weit entfernt. Er begann in Dollern, nur fünf Kilometer von Mittelnkirchen entfernt. Auch zum damaligen Zeitpunkt konnte man nicht einfach in den Wald gehen und Holz schlagen. Das war verboten. Wollte man nahezu kostenlos an Holz kommen, kaufte man sich beim Förster für wenig Geld einen Holzsammelschein. Mit diesem war es erlaubt, Zweige und Äste, die auf dem Boden lagen, zu sammeln und mit nach Hause zu nehmen. Da damals aber in allen Haushalten entweder mit Kohle oder Holz oder beidem geheizt wurde, gab es reichlich Nachfrage nach diesem Sammelschein. Jeder mit Sammelschein durfte so viel Äste und Zweige sammeln, wie er wollte. Die Folge war, dass die Wälder wie leer gefegt waren und kaum noch Totholz auf dem Boden lag. Man musste schon tief in den Wald hineingehen, um überhaupt noch etwas zu finden.

In den Wald bei Dollern ging Papa regelmäßig zum Holzsammeln. Eines Tages entdeckte er einen dicken Eichenstamm, der am Boden lag. Seine Begehrlichkeit war geweckt. Aus einem derartigen Stamm konnte man viele nützliche Möbel für die Wohnung fertigen lassen. Er schaute sich um. Der Förster war nirgends zu sehen. Vielleicht hatte er ja Glück und würde den Stamm unertappt nach Hause bringen. Er bat andere Holzsammler, ihm diesen auf die Schulter zu legen, und marschierte los in Richtung Waldrand. Wider Erwarten kam ihm unterwegs jedoch der Förster entgegen. Der regte sich fürchterlich auf und befahl ihm, den Baum sofort abzulegen. „Du weißt doch, du darfst nur Äste und Zweige mitnehmen!" schimpfte er ärgerlich. Papa hörte aber nicht auf ihn. So schnell ließ er sich nicht entmutigen. Den Baumstamm wollte er unbedingt haben. So sah er den Förster nur an und antwortete: „Warum denn das? Ich mache doch nichts Unrechtes! Du hast doch selbst gesagt, ich kann alles mitnehmen, was auf dem Boden liegt und ich tragen kann, und wie du siehst, kann ich den Baum tragen." Der Förster wusste nicht, ob er über so viel Dreistigkeit wütend sein oder lachen sollte. Gleichzeitig bestaunte er die Kraft Papas, einen so schweren Stamm alleine aus dem Wald zu tragen. Sein Großmut obsiegte, so schüttelte er nur bewundernd den Kopf und ließ Papa gehen. So etwas war ihm wohl noch nicht untergekommen. Den Stamm brachte Papa zum Tischler, der ein massives Ehebett daraus herstellte, das noch Jahrzehnte später im Schlafzimmer unserer Eltern stand.

Die englische Besatzungsmacht

Nach dem Krieg wurde Deutschland unter den Siegermächten Amerika, England, Frankreich und Russland in verschiedene Zonen aufgeteilt, in denen diese als Besatzungsmacht das Sagen hatten. Niedersachsen war den Engländern zugeschlagen.

Eines Tages rollten die Panzer auf der Straße durch Mittelnkirchen. Vor einem großen Bauernhaus stoppten sie. Der Befehlshaber stieg aus, ging in das Haus hinein und teilte den Bewohnern mit, dass das Haus beschlagnahmt sei. Sie müssten innerhalb von drei Stunden das Haus verlassen.

In diesem Haus richteten die Engländer ihre Kommandantur ein. Da die Kommandantur nicht weit entfernt von unserer Wohnung lag, war sie für uns Kinder ein beliebtes Ziel. Hier gab es Schokolade für die kleinen Kinder, eine seltene und heiß begehrte

Süßigkeit. Die größeren Jungen wie Helmut sammelten die Zigarettenstummel auf, die die Engländer wegwarfen. Den Zigarettenresten entnahmen sie den noch brauchbaren Tabak, sammelten ihn, und wenn sie genug zusammen hatten, verkauften sie diesen. So kamen sie an Geld, Süßigkeiten oder andere Dinge.

Winter 1946/47

Am 12. Juli 1946 wurde ich geboren. Nun wurde es langsam eng in der kleinen Wohnung. Zum Glück hatten wir, dank Papas Organisationstalent, mehr zu essen als die meisten Flüchtlinge. Trotz des heißen und extrem trockenen Sommers in diesem Jahr mit einer sehr schlechten Ernte ging es uns einigermaßen gut. Dann aber kam der Winter, der mit seiner arktischen Kälte einer der kältesten des 20. Jahrhunderts war, der später auch als Hungerwinter bezeichnet wurde. Die meisten Menschen waren noch immer unterernährt, und nach wie vor wurden die geringen Lebensmittel über Lebensmittelkarten zwangsbewirtschaftet. Die schlechte Ernte im Sommer verschärfte den Nahrungsmangel noch einmal deutlich. Viele Menschen starben an Unterernährung. Da die durch den Krieg zerstörten Häuser und Wohnungen noch nicht wieder hergerichtet waren, gab es immer noch viele Obdachlose. Hinzu kam die hohe Zahl an Flüchtlingen, die sich in notdürftig hergerichteten Behausungen drängten. Zu allem Überfluss froren die Schifffahrtswege für einige Monate zu, so dass keine Kohlen und Lebensmittel mehr auf den Flüssen transportiert werden konnten. Der Rhein war auf einer Länge von über 60 Kilometer zugefroren und auch auf der Elbe ging wegen des Eises nichts mehr. Aus Mangel an Kohle mussten viele Fabriken schließen. Viele Arbeitnehmer waren über Monate ohne Arbeit. Die Versorgung der Menschen wurde noch knapper. Die Zuteilung von Lebensmitteln wurde weiter rationiert. Die Zahl der Arbeitslosen stieg, da die Industriebetriebe wegen der schlechten Versorgungslage mit Energie stillstanden und außerdem ein Großteil der Betriebe von den Besatzungsmächten zerstört wurde. Dadurch sollte den Deutschen die Grundlage für einen erneuten Krieg entzogen werden. Nahezu alle Deutschen mussten hungern. Da auch viele kein Holz und auch keine Briketts mehr hatten, konnten sie nicht mal ihre Wohnungen heizen. Die Obdachlosen suchten in zerbombten Häusern Zuflucht vor der Eiseskälte. Doch richtigen Schutz vor der Kälte boten diese auch nicht. Viele von ihnen erfroren. In diesem Winter 1946/1947 fielen tausende Menschen dem weißen Tod, wie der Winter genannt wurde, zum Opfer.

Auch wir hatten zu leiden. Papa hatte zwar mit Brennholz für den Winter vorgesorgt, doch mit solch einem strengen Winter hatte auch er nicht gerechnet. Mehrmals musste er deshalb die Gefahren auf sich nehmen und von den Zügen, die manchmal noch fuhren, Kohle zu stehlen. Aber all das Heizen brachte keine wohlige Wärme in die Wohnung, dafür war das Haus viel zu schlecht isoliert. Mit dicken Vorhängen vor den Türen, insbesondere der Ausgangstür, versuchten Mutti und Papa die eindringende Kälte zurückzuhalten, was aber nur notdürftig gelang. Der Ofen brannte Tag und Nacht, dennoch gefror das Schwitzwasser an den Wänden, weil die Kälte durch die Außenwand drang. Abends wurden sämtliche im Haus noch verfügbaren Decken über die Betten gelegt. Zusätzlich erhitzte Mutti Wasser für die Wärmflasche, die unter die Bettdecke gelegt wurde, um wenigstens das Bett einigermaßen warm zu haben. Mutti zog auch mir mehrere Strampler übereinander an, damit ich ja keine Lungenentzündung bekam. Dass in diesem strengen Winter tatsächlich niemand von uns ernsthaft krank wurde, grenzte an ein Wunder.

Als dann Anfang des Jahres 1947 die Kälte noch einmal zunahm, rückten meine Eltern im Bett noch enger zusammen, was nicht ohne Folgen blieb. Neun Monate später wurde mein Bruder Willi am 3. Dezember 1947 geboren. Nun war die Wohnung endgültig zu klein, zugestellt mit Betten, Möbeln und Kinderwagen.

Die Währungsreform

In den Nachkriegsjahren wurde die Versorgung mit Lebensmitteln immer schwieriger. Schlechte Ernten, die Einschränkung der Produktion und die Demontage der Industriebetriebe durch die Siegermächte führten dazu, dass die Dinge des täglichen Bedarfs immer knapper wurden, und die Menschen das vorhandene Geld nicht mehr ausgeben konnten. Gleichzeitig blühte der Schwarzmarkt. Die Preise stiegen von einem Tag auf den anderen. Ein ständiger, nahezu täglicher Werteverfall der Währung, der Reichsmark, setzte ein. Weil man für immer mehr Geld immer weniger kaufen konnte, suchten die Menschen nach Alternativen. In den Zigaretten fanden sie eine. Zigaretten waren Mangelware und von allen begehrt. So wurden die Zigaretten das wichtigste Tauschmittel. Es war die Zeit der sogenannten Zigarettenwährung. Sie löste vor allen Dingen auf dem Schwarzmarkt die als Zahlungsmittel anerkannte Reichsmark ab. Damit war der Untergang der Reichsmark besiegelt. Der Werteverfall der Reichsmark führte dazu, dass die Menschen das Geld horteten oder es in Sachwerte investierten. Das hatte einen weiteren Anstieg der Inflation zur Folge, und die Reichsmark wurde immer weniger wert.

Diesen Weg ins weitere wirtschaftliche Chaos sahen auch die drei westlichen Besatzungsmächte, nämlich Amerika, England und Frankreich. Sie mussten handeln und verkündeten am 18. Juni 1948 eine Währungsreform. Das war zum Wochenende. Das neue Zahlungsmittel, die Deutsche Mark, galt bereits am Montag, den 21 Juni 1948. Die Reichsmark als Zahlungsmittel war abgelöst und wurde von niemanden mehr anerkannt. Die Menschen waren aufgerufen, ihre Vorräte an Reichsmark auf ein Konto einzuzahlen, dessen Umstellung auf D-Mark zu einem späteren Zeitpunkt erfolgte. Ein Umtausch, der letztendlich im Verhältnis 10 zu 1 erfolgte. Für 10 Reichsmark hatten die Menschen einen Anspruch auf 1 Deutsche Mark.

Um die Zeit bis zum endgültigen Währungsumtausch und bis zur Lohnauszahlung zu überbrücken, erhielt jede Person 40 DM und den darauffolgenden Monat weitere 20 DM, die bei der Umwechslung der Reichsmark später verrechnet wurden.

Von heute auf morgen gab es fast alles wieder zu kaufen, die Preise waren nicht mehr festgeschrieben und richteten sich nach Angebot und Nachfrage. Weil nun die Menschen völlig frei und legal das kaufen konnten, was sie haben wollten, brach praktisch über Nacht der Schwarzmarkt zusammen.

Papa und Mutti hatten leider nicht so viel Geld gespart und mussten erneut bei „Null" anfangen.

Papas Arbeit auf dem Bau

Papa fand Arbeit als Hilfsarbeiter auf dem Bau. Hier war viel zu tun. Die zerstörten Häuser mussten wieder aufgebaut und neue Wohnungen für all die Flüchtlinge geschaffen werden. Von der Bundesregierung wurden ab 1950 Programme für den sozialen Wohnungsbau aufgelegt, um all den Flüchtlingen, Heimatvertriebenen und Spätheimkehrern günstige Wohnmöglichkeiten zu bieten. Hierdurch blühte die Baubranche und Papas Arbeit auf dem Bau war für Jahre gesichert. Der Wiederaufbau war auch gleichzeitig der Beginn des deutschen Wirtschaftswunders und ein ungeahnter Aufschwung der deutschen Wirtschaft.

Allerdings waren die Zeiten auf dem Bau auch nicht immer leicht. Papa fing als Steinträger an. Maschinen gab es nicht. Die Steine mussten über eine Holzleiter bis in das Stockwerk getragen werden, in dem sie benötigt wurden. Diese Arbeiten oblagen den Arbeitsmännern, und Papa war einer von ihnen. Auch den zum Mauern benötigten Kalk musste er noch mit der Hand in einer Bütt anrühren und dann zu den Maurern hochtragen. Eine kräftezehrende Arbeit. Papa, schon immer ehrgeizig, wollte stets zeigen, dass er mehr Kraft hatte als die anderen Arbeitsmänner, und so trug Papa immer etwas mehr an Steinen oder Kalk als die anderen.

Die Tätigkeit auf dem Bau war sehr witterungsabhängig. Es gab Zeiten, in denen Papa wegen des Wetters nicht arbeiten konnte. Regnete es im Sommer, dann saßen die Bauhandwerker in der Bude, ihrem Aufenthaltsraum, und tranken Bier und Schnaps. So mancher Stundenlohn löste sich dann in Schnaps auf. Gab es noch dazu Gewitter, war das für Mutti ein untrügliches Zeichen dafür, dass Papa am Abend wieder betrunken nach Hause kommen würde. Zu uns Kindern sagte sie dann stets: „Hört, die Fässer rollen wieder!" womit sie meinte, Papa würde wieder trinken, anstatt zu arbeiten.

Verpflichtung zur unentgeltlichen Arbeit während der Arbeitslosigkeit

Im Winter allerdings, wenn Schnee und Eis lag, und auf dem Bau ein Arbeiten witterungsbedingt nicht möglich war, war Papa oft über längere Zeit arbeitslos. Während dieser Zeit mussten die Bauarbeiter „stempeln" gehen. Der Ausdruck „Stempeln" rührt daher, dass diejenigen, die arbeitslos waren, sich regelmäßig beim Arbeitsamt zu melden hatten. Dort erhielten sie einen Stempel in ihrem Nachweisbuch, der besagte, dass sie ihrer Pflicht nachgekommen und sich beim Amt gemeldet hatten. Der Stempel bildete aber auch die Grundlage für die Auszahlung des Arbeitslosengeldes. Während der Zeit der Arbeitslosigkeit konnte das Arbeitsamt die Arbeitslosen zu gemeinnütziger, unentgeltlicher Tätigkeit verpflichten. Die Arbeitslosen mussten die zu leistende Arbeit annehmen, wollten sie nicht eine Kürzung oder gar Streichung des Arbeitslosengeldes hinnehmen.

Während seiner Arbeitslosigkeit im Winter schaute Papa jeden Morgen nach dem Aufstehen als erstes aus dem Fenster, um zu sehen, ob Neuschnee gefallen war. Wenn das der Fall war, ging er, bewaffnet mit einer Schaufel, unverzüglich zum Arbeitsamt, um dort seine Einteilung zum Beseitigen des Schnees auf den Straßen und Gehwegen zu erfahren. Schneepflüge oder andere Maschinen zum Schneeräumen gab es nicht. Der wenige Verkehr, in der Regel Pferdefuhrwerke, musste jedoch fahren können, um Ware zu transportieren und die Versorgung der Bevölkerung aufrecht zu erhalten.

Papas Nebentätigkeit im Hafen

War absehbar, dass Papa nicht zu gemeinnütziger Arbeit herangezogen werden würde, suchte er Arbeit im Hamburger Hafen. Dort wurden regelmäßig Arbeitskräfte zum Entladen und Beladen der Schiffe gebraucht. Schon weit vor Arbeitsbeginn drängten sich die Menschen in die Halle des Hafengebäudes und warteten darauf, zur Arbeit eingeteilt zu werden. In der Regel arbeitete man eine Schicht lang, nämlich acht Stunden, doch Papa hatte einen besonders langen Anfahrtsweg, deshalb war es keine Seltenheit, wenn er noch eine weitere Schicht anhängte. Dadurch verdiente er mehr Geld, und das wurde zu Hause ja dringend benötigt.

Wenn er dann müde und abgekämpft vom schweren Tragen von Kisten im Hafen zurückkam, brachte er oft die schmackhaftesten Köstlichkeiten mit. Mal waren es Bananen, mal Apfelsinen, und mal auch Ananas. Die alle waren wohl rein „zufällig" aus den Kisten herausgefallen und fanden so auf natürliche Art und Weise den Weg in Papas Taschen.

Die ersten Nachkriegsjahre waren für die meisten Menschen eine schwere Zeit. Auch für uns. Da Papa und Bruno auf sich allein gestellt waren, von Opa und Onkel Willi war immer noch keine Nachricht gekommen, mussten sie für uns, die Familie von Tante Herta und Tante Ella, sowie für Oma sorgen. Beide waren ständig auf Erkundungstour. Dank Papas „Organisationstalent" ging es uns und auch den anderen Familienangehörigen für damalige Verhältnisse einigermaßen zufriedenstellend, aber nur weil Papa jede sich ihm bietende Gelegenheit nutzte, zusätzlich Geld zu verdienen und etwas zum Heizen oder für die Mahlzeiten zu besorgen.

Leider erkrankte Oma 1948 schwer. Sie hatte erhebliche Bauchschmerzen und musste schließlich in das Krankenhaus nach Stade. Dort diagnostizierten die Ärzte Darmkrebs bei ihr und machten ihr wenig Hoffnung auf eine Gesundung. Im Krankenhaus wollte sie allerdings nicht bleiben, sondern kehrte zu ihren Lieben nach Mittelnkirchen zurück. Hier verbrachte sie die meiste Zeit des Tages im Bett liegend. Wie sie so dalag und ihren Schmerz unterdrückte hoffte sie inständig, ein Lebenszeichen von Opa zu erhalten. Sie hoffte, er möge noch leben und bald heimkehren zu ihr, damit sie von ihm Abschied nehmen konnte.

Opas Rückkehr

Ihr Hoffen, wurde belohnt. Noch vor ihrem Tod erfuhr sie dass er lebte. Der Suchdienst des Roten Kreuzes teilte uns mit, dass er als Kriegsgefangener Russlands zunächst in Zimmerbude festgehalten und später nach Ilmenau in Thüringen in ein Lager gebracht wurde.

Bis Opa aber wieder bei uns war, hatte er eine abenteuerliche Reise hinter sich.

Zunächst geriet er gegen Ende des Krieges in Ostpreußen in russische Kriegsgefangenschaft. Zum Glück wurde er nicht nach Sibirien deportiert. Die Russen hatten erfahren, dass Opa als Fischer von Zimmerbude aus auf das Frische Haff gefahren war, und er sich in den Gewässern bestens auskannte. Da auch die Russen wenig zu essen hatten, weil die Felder während des Krieges lange unbestellt oder durch den Krieg verwüstet waren, gab es auch dort Nahrungsmittelknappheit. Fisch wurde daher ein wesentlicher und notwendiger Bestandteil der Ernährung im Nachkriegsostpreußen. Deshalb verpflichteten die russischen Soldaten Opa gleich zum Fischfang. Morgens in der Früh fuhren die russischen Soldaten mit den kriegsgefangenen Fischern hinaus auf das Haff zum Fischen. Da auch Opas Fischerboot den Krieg unversehrt überstanden hatte, konnte er sogar in seinem eigenen Boot hinausfahren. Wenn sie dann abends vom Fischfang zurückkehrten, sperrten die russischen Soldaten die Fischer über Nacht wieder in dem mit Stacheldraht umzäunten Lager ein. So ging es fast zwei Jahre, in der sich keine Fluchtmöglichkeit bot und der tägliche Ablauf zur Gewohnheit wurde.

Zwischen den russischen Soldaten und den deutschen Fischern entstand in dieser Zeit der Zusammenarbeit langsam Vertrauen. Allmählich glaubten die Soldaten nicht mehr, dass die Deutschen fliehen würden, wo sollten sie auch hin. Ostpreußen war unter sowjetischer Verwaltung. Wollten sie fliehen, müssten sie zunächst das besetzte Ostpreußen und dann einen Teil Polens durchqueren, ein Unterfangen, das undurchführbar erschien. So nahm die Aufmerksamkeit der russischen Soldaten langsam ab. Die Bewachung wurde von Monat zu Monat nachlässiger. Bald schon fuhren sie nicht mehr jedes Mal mit den Fischern zum Fischfang hinaus. Eine dieser Gelegenheiten nutzte Opa zur Flucht. Zusammen mit einem anderen Fischer wollten sie sich zu Fuß auf den gefahrvollen Weg in den Westen begeben. Frühmorgens, nachdem sie aus dem Lager geholt wurden, fuhren sie mit ihrem Schiff auf das Haff. Draußen auf See machten sie kehrt und landeten an einer anderen, von Zimmerbude aus nicht einsehbare Stelle. Dort stiegen sie aus und marschierten los.

An Proviant hatten sie nur das dabei, was sie am Morgen erhalten hatten. In den ersten Tagen marschierten sie durch den Wald, der ihnen noch vertraut war, fernab von jedem Weg und jeder Straße. Als Fischer hatten sie gelernt, sich nach dem Mond oder der Sonne zu richten. Von daher wussten sie stets, in welche Richtung sie gehen mussten. Große Dörfer oder Städte mieden sie auf ihrem Weg. Sie durften und wollten sich nicht erwischen lassen. Nach ein paar Tagen kamen sie in eine Gegend, die sie nicht kannten. Nun wurde die Flucht noch schwieriger. Überall lauerte Gefahr, entdeckt zu werden. Deshalb marschierten sie von nun ab nur noch nachts. Wasser tranken sie aus den Bächen, und wenn keine vorhanden waren, aus Wasserpfützen. Von Beeren und Früchten, die sie unterwegs fanden, ernährten sie sich. Sie scheuten sich aber auch nicht aus verendeten Tieren, die sie auf ihrem Weg fanden, Fleisch herauszuschneiden und zu verzehren. So fanden sie Kraft, die Anstrengungen durchzuhalten.

Es war eine lange, beschwerliche Flucht, die leider in Stralsund endete. Glücklich, bereits in Deutschland, in der späteren DDR zu sein, wurden sie zu übermütig und waren einen Augenblick zu unachtsam. Auf ihrem Weg kamen ihnen zwei Vopos, Volkspolizisten, entgegen und fragten sie nach ihren Papieren. „Papiere, die haben wir nicht mit, die haben wir zu Hause gelassen", antworteten sie. Die beiden Polizisten ließen sie aber nicht gehen und nahmen sie mit zur Wache. Weil zu dem Zeitpunkt dieser Teil Deutschlands unter russischer Besatzung stand, hatten die Volkspolizisten bei ihren

Nachforschungen schnell heraus, dass die beiden aus einem Lager in Ostpreußen geflüchtet waren. Mitleid kannten die Volkspolizisten nicht und schickten sie wieder zurück.

In Zimmerbude angekommen, fing der gleiche Rhythmus an wie zuvor. Doch plötzlich wurde das Lager geräumt. Alle Kriegsgefangenen wurden in Waggons gepfercht, die dann von außen verriegelt und verplombt wurden. Dann begann eine tagelange Zugfahrt, auf der sie nicht hinausdurften und nichts zu essen und zu trinken bekamen. Zum Glück war in ihrem Waggon ein junger Bursche, der war spindeldürr. Er war so dünn, dass er durch das klitzekleine Fenster im Dach des Waggons passte. Jede sich bietende Gelegenheit wurde genutzt, diesen jungen Mann hochzuheben, damit er aus dem Fenster und über das Dach draußen auf den Bahnsteig klettern konnte. Von dort holte er für die Eingeschlossenen Wasser. So verdurstete niemand auf dem Transport. Wohin die Reise gehen sollte, wussten sie allerdings nicht. Sie hatten schon schlimmste Befürchtungen, doch diese sollten sich glücklicherweise nicht bestätigen. Als der Zug endlich seinen Bestimmungsort erreicht hatte, erfuhren sie, dass sie von nun ab im Lager Ilmenau bleiben sollten. Hier wurden hauptsächlich die Kriegsgefangenen aus Ostpreußen gesammelt. Viele von ihnen kannten sich aus ihrer alten Heimat. Auch viele Fischer waren unter den Kriegsgefangenen. Opas Enkel Bernhardt, genannt Benno war ebenfalls unter den Kriegsgefangenen. Benno war das Kind von Opas Sohn Hans. Ende Januar 1945 war Bennos Mutter mit ihren Kindern schon auf der Flucht. Sie befanden sich auf dem Weg, um mit der Wilhelm Gustloff zu fliehen, als sie Nachricht erhielten, dass Bennos Vater, mein Onkel Hans, verwundet aus dem Krieg nach Hause gekommen sei. Daraufhin kehrten sie um und gingen wieder zurück nach Peyse, nahe Königsberg. Das rettete ihnen das Leben, denn wenige Tage später sank die Wilhelm Gustloff in der Ostsee, getroffen von russischen Torpedos. Auch Benno war in russische Gefangenschaft geraten und hatte nach Ende des Krieges wie Opa für die Russen in Ostpreußen fischen müssen.

Nach einigen Monaten im Lager kamen sie nach Arnstadt, der nahegelegenen Kreisstadt. Dort wurden sie verteilt und mussten auf den Feldern oder beim Wiederaufbau helfen. Sehr lange hielt es Opa beim Bauern nicht aus. Schon nach wenigen Monaten wagte er erneut die Flucht, die dieses Mal gelang. Es war das Jahr 1948. Sein Ziel war Berendshagen, dort wo sein Sohn Willi wohnte. Da er weder Geld noch einen fahrbaren Untersatz hatte, musste er den weiten Weg zu Fuß gehen.

Nach etlichen Tagen beschwerlichen Wanderns erreichte Opa endlich Berendshagen, in Mecklenburg Vorpommern. Auch dieses gehörte zur sowjetischen Besatzungszone. Dort angekommen, musste Opa sich erst einmal erholen. Doch bleiben wollte er dort nicht. Er wollte zurück zu seiner Frau, die es mit drei seiner Kinder und einigen Enkeln nach Mittelnkirchen im Alten Land verschlagen hatte. Als er dann noch erfuhr, dass Oma, seine Frau, schwer erkrankt war, kannte er nur noch eins, so schnell wie möglich nach Westdeutschland zu reisen. Die Frage war nur, wie? Inzwischen waren die Grenzen zum Westen so stark bewacht, dass ein Überschreiten der Grenze kaum möglich und zusätzlich noch mit großen Gefahren verbunden war. Wer beim Überqueren der Grenze erwischt wurde, wurde ins Gefängnis gesteckt. Viele bezahlten das heimliche Überschreiten der Grenze auch mit dem Leben, weil sie von den sowjetischen Grenzsoldaten entdeckt und quasi auf der Flucht, erst später prägte sich der Begriff „Republikflüchtling" erschossen wurden. Deshalb musste der Grenzübertritt sehr sorgfältig geplant werden.

Onkel Willi nahm Kontakt mit Papa auf und sie verabredeten, einen Versuch in der Nähe von Lauenburg zu wagen. In Lauenburg wohnte ein weiterer Bruder von Mutti, Onkel Rudolph. Dieser war ein begeisterter

Angler. Gern angelte er am Elbe-Lübeck Kanal. Kurz hinter dem Kanal verlief die Grenze. Durch seine vielen Angeltouren, sowohl am Tage als auch nachts, kannte Onkel Rudolf die Gegend wie seine Westentasche. Er wusste genau, wo es möglich sein könnte, Opa über die Grenze zu bringen. Zu dritt, Papa, Onkel Rudolph und Onkel Bruno, der ebenfalls mit von der Partie war, gingen sie ans Werk. Akribisch planten sie den Ort, an dem die Flucht stattfinden sollte. Als Zeitpunkt legten sie eine Nacht fest, in der laut kalendarischer Voraussage der Mond kaum scheinen sollte. Nachdem alles ausgearbeitet war, ließen sie ihre Vorstellungen Onkel Willi zukommen. Dieser signalisierte Zustimmung.

Zum verabredeten Zeitpunkt fuhren Onkel Willi und Opa in die Nähe der Grenze, die damals weder mit Stacheldraht, Selbstschussanlagen noch mit Minen gesichert war. Wie geplant schien der Mond in dieser Nacht nicht. Es war dunkel genug, den Fluchtversuch durchzuführen. Gegen Mitternacht näherten sie sich dem festgelegten Ziel an der Grenze. Auf der anderen Seite machten sich Onkel Bruno, Papa und Onkel Rudolph durch leises Pfeifen bemerkbar. Da wusste Onkel Willi, die Luft war rein und Opa überschritt heimlich die Grenze. Das war Ende 1948, und Opa 60 Jahre alt.

Papa, Onkel Bruno und Onkel Rudolph nahmen Opa überglücklich in Empfang. Zusammen mit Opa machten sie sich auf den Weg nach Mittelnkirchen. Leider kam Opa zu spät. Einen Monat zuvor war Oma, seine Frau gestorben, und Opa zog in Omas Zimmer im Pfarrhaus ein.

Im gleichen Jahr kam auch Onkel Willi, Tante Hertas Mann, aus der Kriegsgefangenenschaft zurück. Auch in diesem Fall hatte die Familienzusammenführung mit Hilfe des Suchdienstes des Roten Kreuzes hervorragend geklappt.

Opa war Zeit seines Lebens Fischer gewesen. Nun in der neuen Heimat etwas Neues anzufangen war bei den fehlenden Arbeitsplätzen kaum möglich, auch hatte Opa ja nichts Anderes gelernt. Um nicht ganz dem Müßiggang zu verfallen, kaufte sich Opa ein altes Fischerboot mit Dieselmotor, das er zusätzlich mit einer Lampe ausrüstete, mit deren Licht er nachts, wenn er mit dem Boot auf dem Wasser unterwegs war, die Fische anlocken konnte. Das Boot lag auf der gegenüberliegenden Seite des Pfarrhauses direkt hinter der Schule an der Lühe. Von hier aus fuhr er auf die Elbe hinaus und legte Reusen aus, um Aale zu fangen. Manchmal zog Opa hinter dem Boot auch ein kleines Schleppnetz her. Damit fing er neben Aale auch Hechte und Zander. Die Fische waren eine wichtige und schmackhafte Ergänzung in der Küche. Schließlich waren fast alle Familienmitglieder mit der Fischerei aufgewachsen und aßen für ihr Leben gern Fisch. So konnte Opa durch den Fischfang auch zum Unterhalt der großen Familie selbst etwas beitragen.

Helmut, er war mittlerweile zwölf Jahre alt, fuhr so oft er konnte mit. Opa freute sich über die Begleitung, war er dann doch nicht allein auf dem Boot. Ein zwölfjähriger Junge aber kann keinen Bootsmann ersetzen und so gab es das eine oder andere Mal auch Ärger. Einmal bereiteten Opa und Helmut alles vor, um in der Elbe nach ihren Reusen zu sehen. Sie fuhren die Lühe hinunter. Dieses Mal stand Helmut am Ruder. Der Dieselmotor tuckerte vor sich hin, doch obwohl Helmut Vollgas gab, lief das Boot nicht richtig. Immer wieder ruckte es, dann schoss es wieder vorwärts, sofern man von Vorwärtsschießen bei einem Fischerboot sprechen kann. Verdammt noch mal wunderte sich Helmut, was war bloß mit dem Motor los, warum brachte er keine Leistung, warum lief das Boot nicht ruhig und gleichmäßig schnell, warum ruckte es immer? Auch Opa schrie irritiert: „Jungchen was machst du bloß mit dem Motor?" Und als er sich umdrehte und über das Heck des Bootes guckte, sah er die Ursache. „Jungchen", rief er, „du hast den Anker ja gar nicht hochgenommen!" Helmut wäre am liebsten aus Scham „im Erdboden versunken." Zwar kann er heute, wenn er sich das Bild ins Gedächtnis ruft, darüber lachen, doch etwas peinlich ist es ihm immer noch.

Opa war für uns Kinder eine stattliche Erscheinung. Groß, kräftig und vor Gesundheit strotzend. Er war Vorbild für uns und wir trauten ihm viele Fähigkeiten zu. Erst nach und nach entdeckten wir, dass es da auch Lücken gab. Obwohl Opa sein Leben lang als Fischer mit Wasser und See zu tun hatte, konnte er nicht schwimmen. Auch all seine Versuche, dieses noch in seinem Alter zu lernen, scheiterten kläglich.

Was Opa auch nicht konnte und ebenfalls nicht zugeben wollte, war Fahrradfahren. Auch das konnte er nicht. Opa ging stets zu Fuß, wenn er etwas weitere Wege zurücklegen musste. Da er nicht zeigen wollte, dass er es nicht kann, wollte er es in aller Heimlichkeit erlernen. In seinem Alter mit über sechzig war das ein schwieriges Unterfangen. Und es kam, wie es kommen musste: Eines Tages besuchte uns Opa mit einem Arm in Gips. Nach der Ursache befragt, erklärte uns Opa wie es zu dem Unfall kommen konnte und fügte kleinlaut hinzu, dass das Fahrradfahren doch schwieriger sein würde als er gedacht hatte.

Oma

An Oma habe ich nur vage Erinnerungen. Meine Mutter erzählte mir, dass Oma immer auf uns Kinder aufgepasst hat, wenn Mutti Besorgungen machen musste oder Kirschen pflücken war. Wenn ich in der Krippe zu schreien anfing, dann hat sie mich so lange geschaukelt oder auf den Arm genommen, bis ich wieder leise war und einschlief.

Oma strickte, stopfte Löcher in der Kleidung, kochte und reinigte die Wohnung. All das, was sie auch ihr Leben lang in Ostpreußen getan hatte. Sie war unermüdlich im Einsatz wie damals, als sie in Zimmerbude zehn Kinder groß gezogen hatte. Für ihre eigenen Kinder war sie das große Vorbild und hatte ihre Tugenden auch an Mutti weitergegeben. Für uns Kinder war sie die liebe Oma, die sich fürsorglich um uns kümmerte, zu der wir weinend kommen konnten, die uns dann tröstend in den Arm nahm und schon sah die Welt für uns ganz anders aus. Wir hatten jemanden, der uns vor dieser bösen Welt beschützte.

Leider wurde Oma 1948 schwer krank, Darmkrebs. Sie lag bleich und abgemagert im Bett, für uns Kinder ein bleibender Eindruck. Schwach kann ich mich daran erinnern, wie sie dort in ihrem Bett lag und daneben die Wiege, in der Willi schlief. Immer wenn er zu schreien anfing, schaukelte sie ihn, bis er wieder leise war. Dann im Herbst des Jahres 1948 kam Oma erneut nach Stade ins Krankenhaus. Die Schmerzen und die Krankheit hatten sich derart verschlimmert, dass ihr zu Hause nicht mehr geholfen werden konnte. Dort im Krankenhaus verstarb sie nach drei Wochen an ihrer schweren Krankheit.

Mitzuerleben, wie Oma bleich, abgemagert und kraftlos in ihrem Bett lag, hat sich bei mir tief in mein Gedächtnis eingeprägt. Noch als Erwachsener hatte ich, wenn auch nur schemenhaft, das Bild von meiner kranken Oma im Kopf. Noch heute sehe ich sie vor mir, wie sie da in ihrem Bett bzw. im Sarg in der Kirche lag. Weil ich diese Erinnerung nach all den Jahren absolut nicht glauben konnte, und weil ich damals wirklich erst zwei Jahre alt war, als sie starb, habe ich meine große Schwester Ingrid befragt, ob das Geschehen, an das ich mich verschwommen erinnern kann, sich tatsächlich so ereignet hat. Ingrid bestätigt mir, dass es so gewesen war. Für mich auch heute noch unfassbar, dass solch traumatische Ereignisse aus dem Babyalter einen Menschen sein Leben lang begleiten!

Woran ich mich allerdings nicht erinnern kann, ist, dass gerade in dem Moment, als wir am Sarg in der Kirche standen, ein schwerer Lastwagen auf der an das Friedhofsgrundstück angrenzenden Straße vorbeifuhr.

Durch das Poltern des Lastwagens auf dem Kopfsteinpflaster bebte der Boden so stark, dass der Sarg sich bewegte, und es den Anschein hatte, als ob Oma sich rühren würde. Meine Cousinen, die das sahen, liefen vor Schreck und Angst aus der Kirche.

Dieses merkwürdige Ereignis führte dazu, dass Ingrid, aber auch meine Cousinen, in der Zeit nach der Beerdigung immer Angst hatten, am Friedhof vorbeizugehen. Zu ihrem Leidwesen mussten sie es allerdings oft, denn der Weg zum Kaufmann führte direkt am Friedhof vorbei. Jedes Mal gingen sie dann oben am Deich entlang, möglichst weit weg vom Friedhof.

Tante Ella mit Adelheid, Erika, Ingrid und Helmut

Oma selbst hatte zehn Kinder. Von denen starben leider drei im Krieg. Sie selbst wollte einmal einhundert Enkel haben, das war ihr Wunsch. Aufgrund der Kriegswirren, sind es aber nicht so viele geworden, aber immerhin sind zweiunddreißig zusammengekommen.

Die Rückkehr meiner zweiten Oma

1951 kehrte plötzlich Papas Mutter, Oma Ignasiak, aus Russland zurück. Sie hatte uns auch über den Suchdienst des Roten Kreuzes gefunden. Über ihre Heimkehr in den Kreis der Familie herrschte nicht nur Freude, sondern auch ein Großteil Skepsis mischte sich dabei ein. Hatte Oma Ignasiak doch Papa nach der Geburt nicht selbst erzogen, sondern in die Obhut ihres Bruders gegeben. Ansonsten kümmerte sie sich nicht viel um ihn. Dennoch waren alle bemüht, ihr soweit wie möglich zu helfen. Das gelang aber oft nur zeitweise. Immer wieder kam es zu Zerwürfnissen, die zu immer längeren Zeiten führten, in denen wir den Kontakt mit meiner zweiten Oma mieden. Die Ursache für die Zerwürfnisse lag daran, dass Oma schlecht über uns bei anderen Leuten redete. Bei unserem Arzt beschwerte sie sich, wir würden sie nicht unterstützen und hätten kein Mitleid mit ihr, selbst bei unserem Lehrer machte sie uns Kinder schlecht. Zwar gingen wir immer wieder auf sie zu, doch letztendlich war und blieb es auf die Dauer ein mehr als schwieriges Verhältnis.

Das große Umziehen

Onkel Willi, der Mann von Tante Herta, fand eine Arbeitsstelle bei der Bahn in Düsseldorf. Nachdem er dort einige Zeit gearbeitet hatte und nur dann nach Mittelnkirchen kam, wenn er längere Zeit frei hatte, fand er eine Wohnung an seinem Arbeitsort, und so zog seine Familie 1951 zu ihm nach Düsseldorf. Von da an sahen wir meine Tante Herta nur noch selten.

Als nächstes zogen 1954 meine Tante Ella mit ihren vier Kindern und Opa nach Offenburg. Hier waren günstig finanzierte Reihenhäuser gebaut worden, speziell um Flüchtlingen eine neue Heimat zu bieten. Opa und Tante Ella hatten beim (VdK /Verband der Kriegsbeschädigten und –hinterbliebenen) erfahren, dass eine Umsiedlung in die neuen Reihenhäuser nach Süddeutschland stattfinden sollte. Dafür meldeten sich mehrere Familien an, alle aus Ostpreußen. Der Transport fand am 17. Juni 1954 mit der Bahn statt. In Offenburg wohnten sie zunächst zur Miete in einem Reihenhaus, das sie später kauften.

Nun war die Familie, die all die Strapazen des Krieges, der Flucht und die schweren Nachkriegsjahre gemeinsam durchgestanden hatten, weit voneinander getrennt. Da wir zum damaligen Zeitpunkt kein Telefon hatten und auch nicht kannten, blieb nur der Schriftverkehr. Leider gingen durch die weiten Entfernungen auch der enge Zusammenhalt und die Zusammengehörigkeit etwas verloren.

Auch wir hatten in der Zwischenzeit nach einer neuen, größeren Wohnung gesucht. Diese fanden wir 1952 in Hohenfelde auf einem ausgedienten Gehöft, in einem alten, reetgedeckten Fachwerkhaus, das einmal als Bauernhaus gedient hatte. Es war in der alten, traditionellen Weise wie alle Bauernhäuser erstellt. Im vorderen, zur Straße hingewandten Teil befanden sich die Wohnräume und im Dachgeschoss der Boden. Der hintere Teil bestand aus Stall mit Tenne und darüber der ehemalige Heu- oder Strohboden.

Hohenfelde und Mittelnkirchen gehen ineinander über und liegen an einer Durchgangsstraße, die über Jork nach Stade führt. Von Mittelnkirchen kommend stehen auf der rechten Seite der Straße wunderschöne alte reetgedeckte Fachwerkhäuser. Dahinter beginnen die Obsthöfe, mit Kirsch-, Apfel-, Birnen- und Pflaumenbäumen. Sie erstrecken sich kilometerweit in die Feldmark. Auf der linken Seite der Straße liegt der

Deich, der die Dörfer und das Hinterland vor Überschwemmungen schützen soll, denn unmittelbar hinter dem Deich fließt die Lühe, ein Zufluss zur Elbe.

Das neue Zuhause

In dem Bauernhaus bezogen wir ein ca. 30 qm großes Wohnzimmer, das gleichzeitig als Schlafzimmer für uns alle diente. Außerdem gehörte zu unserer Wohnung eine sehr kleine Küche. Im Wohnzimmer stand ein alter, gusseiserner Bollerofen, den wir im Winter vorwiegend mit Holz beheizten. Am Abend legten wir dann aber auch Kohle oder Briketts auf das Feuer, damit der Ofen länger brannte, und die Stube bis zum Morgen nicht ganz auskühlte. Am nächsten Tag fachte der erste, der aufstand, es war meist Papa, der zur Arbeit musste, das Feuer im Ofen wieder an. Denn waren draußen Frostgrade –und nach meiner Erinnerung war es in diesen Jahren oft sehr kalt- war die Wohnung eisig. Die Oberseite der Bettdecken war eiskalt, nur unter der Bettdecke war es warm und kuschelig. Deshalb war das morgendliche Aufstehen in der kalten Wohnung für uns immer eine große Überwindung. Wenn Papa keine Zeit hatte, das Feuer anzuzünden, dann hatten wir die Aufgabe zu übernehmen. Niemand von uns Kindern wollte dann als erster aufstehen, denn dann hätte er in der Kälte die Asche aus dem Ofen holen, sie nach draußen in den Garten bringen und den Ofen anheizen müssen. Aber irgendwann wurde eine Reihenfolge festgelegt, wer das Feuer anzufachen hatte, und da blieb uns keine andere Wahl, wir mussten aufstehen!

In der Küche standen ein langer Tisch und ringsum die Stühle. Außerdem natürlich der Küchenschrank und an der Wand zur Stube eine einfache Holzbank. Auf der schon erwähnten Küchenhexe bereitete Mutti das Essen für uns alle vor. Die Küchenhexe diente außer zum Kochen auch als Heizung für die Küche. Leider hatte die Küche mit ihren 8 qm keine Fenster, so dass ständig Licht brennen musste. Im Wohnzimmer waren an der Stirnseite zur Straße zwei zweiflügelige Sprossenfenster mit einfachem Glas. Im Winter, bei Frostwetter, froren diese regelmäßig mit wunderschönen Eisblumen zu. Um zu sehen, ob es geschneit hatte, mussten wir erst einmal mit unserem warmen Atem ein Loch in die Eisblumen tauen. Erst dieses Guckloch ermöglichte es uns, nach draußen auf die Straße zu sehen. Zwischen Straße und Haus standen zwei riesige Lindenbäume und dahinter lag die Straße. Der Hauseingang lag an der rechten Seite des Hauses und war mit einer großen schweren Holztür versehen. Durch den Eingang kam man zuerst in einen großen, dunklen Flur, der keine Fenster hatte. Linker Hand vom Flur wohnten drei Familien, rechter Hand eine. Unser Eingang lag linker Hand, in der Mitte zwischen den beiden anderen Wohnungen und genau an der Treppe, die zum Boden führte. Um in der Dunkelheit nicht über die Treppenstufen zu fallen, mussten wir das Licht einschalten. Das Problem hieran war, dass die alte Aluminiumleitung des Schalters nicht richtig isoliert war, und wir, waren wir nicht vorsichtig genug, wiederholt einen elektrischen Schlag erhielten, wenn wir neben den Schalter griffen.

Kamen wir in die Wohnung, waren wir zunächst in der Küche. Von dort aus ging es ins Wohnzimmer. Außer uns wohnten noch drei weitere Familien in dem Haus. Die beiden neben uns hatten auch mehrere Kinder, die Familie auf der anderen Seite des Flurs hatte ein Mädchen. Mit allen verstanden wir uns gut. Sie kannten keinen Unterschied zwischen Flüchtlinge und Einheimische. So blieb es nicht aus, dass wir viel zusammen spielten.

In dem Bauernhaus wurde kein Vieh mehr gehalten. Auch Heu oder Stroh lag nicht mehr auf dem Boden, lediglich einige Reste aus früheren Jahren.

Frontansicht des Bauernhauses in Hohenfelde

Am linken hinteren Bildrand sind die Obstbäume zu sehen und links davon begann der Graben in dem wir angelten

Anita L. im Garten des Bauernhauses. Am linken Bildrand ist
die Ausgangstür von der Waschküche zu sehen

Unsere neue Unterkunft in Hohenfelde. In den Räumen, in denen das Fenster offensteht, wohnten wir. Der zweite Lindenbaum ist verdeckt. Vorne stehen zwei Kinder unserer Nachbarn. Links die gepflasterte Straße, ganz links geht es zum Deich hoch.

Blick auf die Auffahrt im Winter, rechts das Haus des Bauern S. Auf dem Schlitten Wohnungsnachbar G. mit seinem Sohn F.

Die große Eingangstür. Davor der Sohn Frank von Nachbar G.

Auf diesem Hof haben wir Fußball und Völkerball gespielt.

Nachbarstochter aus unserem Haus, Hildegard L. auf der Einfahrt des Bauernhofes rechts von uns. Links die Seitenfront des Bauernhauses, in dem wir gewohnt haben. Der Hauseingang zu unserem Haus lag etwas weiter vorne.

Fließend Wasser hatten wir nicht, dieses holten wir aus dem Brunnen, der im Garten links vom Haus lag. Auch kannten wir so gut wie keine elektrischen Geräte. Es gab bei uns keinen Kühlschrank, keine Waschmaschine, keinen Fernseher und in den ersten Jahren auch kein Radio. Unter den Geräten in der Küche befanden sich selbstverständlich auch keine elektrischen Kleingeräte wie Mixer, Kocher, Brotschneidemaschine usw.

Die Waschküche stand allen Familien zur Verfügung. Sie lag am hinteren Ende des Eingangsflures. Von hier aus ging es durch eine Seitenausgangstür in den Garten, mit Brunnen und Obstbäumen. Die Waschküche war ein kahler, mit Bodenfliesen versehener Raum, in dem linker Hand von der Eingangstür ein großer, runder steinerner, zementgegossener Bottich, der Waschkessel, stand. Er war von unten beheizbar. Am Waschtag, schleppten wir Eimer für Eimer vom Brunnen aus dem Garten und kippten das Wasser in den Kessel. War der Kessel voll, legten wir den Deckel oben auf, zündeten das Feuer unter dem Kessel an und warteten, bis das Wasser heiß war. Dann schüttete Mutti Waschpulver in das Wasser und legte die Wäsche in den Kessel. Diese ließ Mutti dann eine ganze Zeit einweichen. Danach knetete und walkte sie die Wäsche durch oder schrubbte sie auf einem Waschbrett. Anschließend trugen wir das Wasser aus dem Kessel wieder mit Eimern hinaus und schütteten neues, klares Wasser hinein. In dem frischen Wasser spülte Mutti die Wäsche. Danach holte sie die Wäsche heraus und mangelte sie, um noch so viel Feuchtigkeit wie möglich heraus zu bekommen. Die Mangel stand auf der rechten Seite der Waschküche kurz vor dem Ausgang. Sie bestand aus zwei circa achtzig Zentimeter langen hölzernen Rundwalzen, die mit einer Kurbel an der Seite per Hand bedient werden mussten. Die nasse Wäsche schob Mutti zwischen die Rundwalzen, senkte diese ab und bediente die Kurbel. Langsam zog sich die nasse Wäsche durch die zwei Walzen und kam auf der anderen Seite deutlich trockener heraus. Auf diese Art wurde die meiste Feuchtigkeit aus der Wäsche herausgepresst. Anschließend trug Mutti die Wäsche nach draußen in den Garten und hängte sie dort auf. Bei schlechtem Wetter dagegen hängte sie die Wäsche oben auf dem Boden zum Trocknen auf. Hier war genügend Platz, allerdings musste Mutti dann mit dem schweren Wäschekorb die Holzstufen zum Boden hochsteigen, was natürlich schwerer war, als eben durch die Ausgangstür zum Garten zu gehen.

Ein alter Waschkessel aus der damaligen Zeit. Von unten wurde er beheizt und das Wasser in dem Kessel erhitzt.

Durch solch eine Mangel wurde die Wäsche gedreht, damit sie vor dem Aufhängen schon etwas trockener war.

Badetag

Auf Reinheit und Sauberkeit legte Mutti großen Wert, das bedeutete für uns, einmal die Woche, jeweils samstags, mussten wir in die Badewanne.

Da die Waschküche gleichzeitig das Badezimmer für die Bewohner des Hauses war, fand das „Baden" auch in diesem Raum statt.

Der Waschkessel wurde aufgeheizt und die Badewanne mit dem heißen Wasser gefüllt. Die Wanne stand in der Ecke auf der hinteren rechten Seite der Küche. Sie war durch einen Vorhang abgetrennt. So musste nicht jedes Mal, wenn eine Familie Badetag hatte, die Küche komplett gesperrt werden. Das ging natürlich auch nicht, war sie doch gleichzeitig Durchgang zum Garten. So war für uns einmal in der Woche, in der Regel am Samstag, Badetag. Feuer wurde unter dem Waschkessel angezündet, Wasser herangetragen und die Wanne mit dem heißen Wasser aus dem Waschkessel gefüllt. Zunächst wuschen sich Mutti und Papa in der Wanne. Danach kamen Ulla und Ingrid, danach Willi und ich, und zum Schluss war Heike an der Reihe, die 1952 das Licht der Welt erblickte. War das Wasser zwischenzeitlich zu kalt geworden, kippten wir noch heißes Wasser aus dem Waschkessel hinzu. Mutti seifte und schrubbte uns in der Wanne ab. Dabei beeilte sie sich, denn die Zeit, die wir in dem Bottich verbrachten, durfte nicht zu lang sein, damit das Wasser nicht zu kalt wurde und die noch zu Badenden auch warmes Wasser zur Verfügung hatten. Das Schlimmste an dem Waschgang war die Kernseife, mit der Mutti uns einseifte. Sie brannte fürchterlich in den Augen. Und es gab wohl kaum ein einziges Mal, bei dem wir nicht vor Schmerzen jammerten und weinten, weil wir Seife in die Augen bekamen. Meist fingen wir bereits dann an zu jammern, wenn Mutti uns den Kopf mit der Seife einrieb, denn dann lief der Seifenschaum unweigerlich das Gesicht herunter, und selbst starkes Zukneifen der Augen nützte in der Regel nicht viel, da auch nach mehrfachem Spülen des Kopfes immer noch Seifenschaum in die Augenwinkel drang. Irgendwann aber war auch das überstanden. Danach fühlten wir uns wie neugeboren und der Duft nach Kernseife war ein untrügliches Zeichen dafür, dass wir die Zeremonie heil überstanden hatten, und nun der ruhige, gemütliche Teil des Abends kam. Natürlich hatten wir das Wasser nicht gewechselt, denn dann hätten wir es heraus- und neues wieder hereintragen müssen. Außerdem hätten wir solange warten müssen, bis das zusätzliche Wasser im Waschkessel wieder heiß war. Das Ganze hätte dann alles viel zu lange gedauert und wäre mit einem erheblichen Aufwand verbunden gewesen, und da auch andere Hausbewohner am Samstag baden wollten, mussten wir uns beeilen.

So sah die Wanne aus, in der Mutti uns „gebadet" hat

Reinigungstag

Einmal die Woche, auch am Samstag, war Reinigungstag.
Schon früh morgens begann Mutti damit. Sie putzte und
räumte auf. Wir nannten es „klar Schiff machen".
Unschöne Begleiterscheinung dieser Aufräumaktionen
war das ständige Schimpfen von Mutti. Unsere
Unordnung nervte sie gewaltig, und das

„Herumgemeckere" nahm kein Ende. Um diesen Schimpftiraden zu entkommen, war es ratsam, möflichst weit weg vom Geschehen zu sein und erst nach Hause zu kommen, wenn die Aktion zu Ende war.

An solchen Tagen wurde auch der Fußboden, der aus alten Holzdielen bestand, intensiv gewischt und anschließend gebohnert. Wenn wir an solchen Tagen aus der Schule kamen, und uns schon im Flur der angenehme, wohlriechende Duft frisch gebohnerter Dielen in die Nase drang, wussten wir spätestens dann, heute ist Samstag, und abends Badetag. Für Mutti kam ein Ändern des Rhythmus nicht in Frage. Samstag war Aufräum-, Bohner- und Badetag!

Wenn dann am Abend in dem gusseisernen Ofen die Holzscheite knisternd brannten, und wir alle in der warmen Stube zusammen saßen, Spiele spielten oder lasen und Mutti strickte, dann verbreitete sich in uns ein Gefühl der Sauberkeit und des Wohlbefindens. Das waren schöne, angenehme Tage, an die ich mich auch heute noch lebhaft und gerne erinnere.

Einmal im Jahr, immer um die Osterzeit herum, mussten wir die Zudecken der Betten im Garten auf die Leine hängen und mit dem Klopfer richtig durchwalken. Anschließend geschah das Gleiche mit den Matratzen.

Dieser jährliche Frühjahrsputz war ebenfalls fester Bestandteil in Muttis Sauberkeitsablauf.

Die Toilette

Leider gab es keine Toilette im Haus. Mussten wir auf die Toilette, dann hatten wir weit zu gehen. Zuerst gingen wir durch die Küche, über den Flur, durch die Waschküche und dann durch den Garten, immer am Haus entlang auf einem schmalen, gepflasterten Weg zum Hinterhof. Vom Seitenausgang der Waschküche bis zur hinteren Hausecke waren es gut 30 Meter. Danach erreichten wir den gepflasterten Hofplatz mit der abschüssigen Seite zum Graben, auf der früher die Tiere zum Tränken getrieben wurden. Hatten wir sicher die Schräge passiert, erreichten wir linker Hand einen Holzschuppen, in dem die Bewohner, also auch wir, ihr Feuerholz und ihre Kohlen aufbewahrten. Der Weg, der an dem Schuppen vorbeiführte, war nicht sehr breit. Links war der Schuppen, rechts der Misthaufen, bzw. die Jauchekuhle. In der Kuhle entsorgten wir die Küchenabfälle falls sie nicht die Schweine bekamen, den Hühner-, Tauben- und Schweinemist. Der Weg endete am Eingang zum Schweinestall, an dem vorne rechts das Toilettenhäuschen angebaut war. Dieses war, wie in der damaligen Zeit üblich, ein Plumpsklo, das heißt, ein einfacher Holzkasten, der oben normalerweise ein Loch mit Deckel hat. Unser Plumpsklo hatte aus irgendeinem nicht nachvollziehbaren Grund zwei Löcher, eins war wahrscheinlich gedacht für das kleine Geschäft, das andere für das große. Oder war es damals dafür gedacht, dass, diejenigen, die Angst hatten, den weiten Weg über den Hof nachts allein zu gehen, eine zweite Person mitnehmen konnten? Ich weiß es nicht. Unten unter den Löchern standen in Plumpsklos normalerweise Eimer, in die unsere Ausscheidungen fielen und die ab und zu geleert werden mussten. Bei uns standen keine Eimer, denn das Plumpsklo grenzte direkt an den Misthaufen und in diesen liefen somit unsere Hinterlassenschaften. Nur ab und zu mussten diese dann heraus geharkt werden.

An der Wand gegenüber dem Klositz, war ein gebogener Drahthaken an der Wand befestigt, auf dem das Klopapier aufgespießt war. Damals kannten wir kein weiches Toilettenpapier, so wie wir es heute benutzen. Wir benutzten Zeitungspapier, das in ca. DIN A 6 Größe zerschnitten war. Dieses nahmen wir zum Po abwischen. Um die Druckerschwärze machten wir uns keine Gedanken. Einen besonderen Vorteil hatte das Zeitungspapier. Dauerte die „Sitzung" etwas länger, so rissen wir ein Stück Zeitungspapier vom Haken und lasen in der Zeitung.

Wie man sich denken kann, war der Weg im Regen oder im Winter bei Eis und Schnee nicht sehr angenehm. Auch bei Dunkelheit wollten wir den langen Weg möglichst vermeiden. Schon allein der Weg durch das Wohnzimmer, dann durch die Küche, über den dunklen Flur und durch die Waschküche zum Seitenausgang war ein Hindernislauf, zumal wir über keine Taschenlampe verfügten. Ich weiß noch nicht einmal, ob es diese damals schon zu kaufen gab. So haben wir uns im Notfall mit einer Petroleum- oder Karbidlampe beholfen. Aber oft benutzten wir auch einen Nachttopf, den wir am Morgen im Plumpsklo entleerten.

Links der Holzschuppen, in dem Kohle und Holz gelagert wurden. Rechts davon das Haus, in dem wir Schweine hielten. Auf dem Spitzboden lagerte noch Stroh. Im Vordergrund die Wohnungsnachbarstochter Ursel G. Dahinter der kleine Anbau an den Schweinestall ist das Toilettenhäuschen, und zwischen Ursel und dem Toilettenhäuschen lag der Misthaufen. Rechts, dort wo die Mutter von Ursel gerade an der Tür steht, war unser Hühnerstall und rechts davon der Taubenschlag.

Auf diesem Bild sind Stall und Toilettenhäuschen besser zu erkennen. Im Vordergrund Frank G.

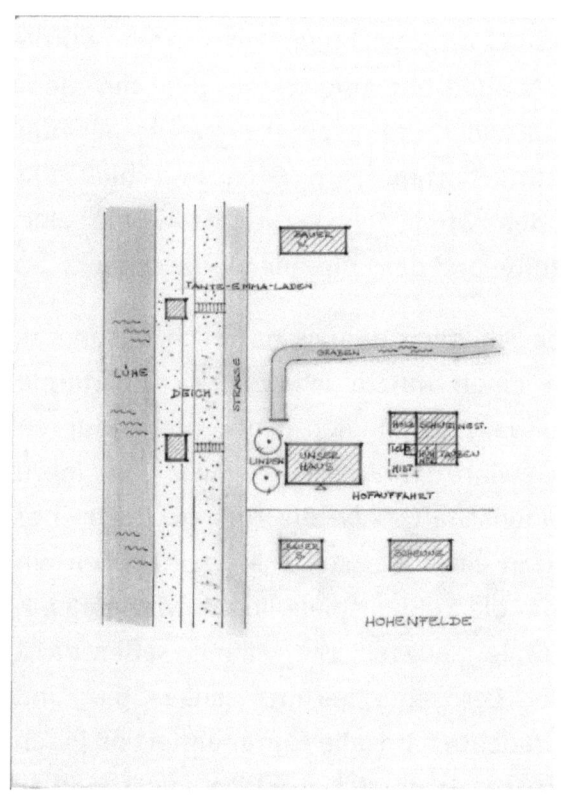

Ein Versuch, mit Paint eine kleine Übersichtszeichnung zu fertigen

Einzug der modernen Technik

Irgendwann kaufte Papa ein altes Radio, zum damaligen Zeitpunkt natürlich ein Röhrenradio. Leider war der Empfang sehr schlecht, es knisterte und rauschte. Man konnte kaum etwas verstehen. Kamen Sportereignisse,

145

zum Beispiel Fußball oder wichtige Nachrichten, wurde das Radio laut aufgedreht und einer ging mit dem Kupferkabel, das wir hinten als Verstärker an die Antenne geklemmt hatten, zum Ofen und hielt die Kupferader an den Ofen. Das wirkte dann wie eine zusätzliche Antenne, und der Empfang wurde besser.

Für Fußball habe ich mich damals natürlich besonders begeistert. Zum einen nutzte ich jede sich bietende Möglichkeit, Fußball zu spielen und zum anderen verstärkte der Gewinn der Weltmeisterschaft im Jahre 1954 diese Leidenschaft. Als die ersten Fernseher aufkamen, stand in einer Gaststätte in Steinkirchen ein Fernseher, in dem die Fußballspiele liefen. Mit Papa bin ich dort einige Male gewesen. Die Männer saßen dicht gedrängt um den Fernseher herum, tranken Bier und Schnaps. Jeder rauchte und alle kommentierten jeden Spielzug lauthals, so als ob sie jahrelang selbst Fußball gespielt hätten. In dieser völlig verqualmten, hitzigen Atmosphäre habe ich so manches Fußballspiel hautnah miterlebt, so als ob ich bei dem Spiel selbst dabei war.

Das Umfeld des Hauses

So wuchsen wir langsam heran. Unser Umfeld schien wie geschaffen für Kinder. Es war immer viel los, Langeweile kam nicht auf. Verständlich, bei den fünfzehn Kindern,

146

die in unserem Haus wohnten, und den vielen in unmittelbarer Nähe wohnenden weiteren Kindern. Sicherlich, einige waren etwas jünger, andere etwas älter, doch das machte keinen Unterschied. An Streit unter uns kann ich mich nicht erinnern.

An der rechten Seite zwischen unserem Haus und dem Nachbarbauernhof S., sowie auf unserem großen Hinterhof, konnten wir spielen. Sowohl der Hof rechts von unserem Haus als auch der Hinterhof waren mit Steinen gepflastert. Auf der Grenze zum rechten Nachbarn stand ein eineinhalb Meter hoher Drahtzaun. Links vom Haus war der Garten mit Obstbäumen. Dieser war an zwei Seiten von einem sechs Meter breiten Graben umgeben. Die kurze Seite des Grabens verlief entlang der Straße und die lange Seite setzte sich im rechten Winkel entlang unseres Gartens, vorbei an dem Schuppen in Richtung der Obsthöfe fort. Durch einen verrohrten Zufluss, der unter dem Deich durchging, wurde der Graben bei Flut durch die Lühe gespeist. Am Ende unseres Grundstücks, dort wo der Graben in die Obsthöfe weiterfloss, war ein Verbindungsdamm zum Nachbargrundstück, dem Obstbauer W., dessen Zugang an dieser Stelle mit einem Stacheldrahtzaun gesichert war. Aus der Vogelperspektive sahen die Obsthöfe wie schmal geschnittene, lange Handtücher aus, die an beiden Seiten von Entwässerungsgräben umsäumt waren. Durch den Zufluss aus der Lühe wurden sie ständig mit frischem Wasser versorgt. Gleichzeitig kamen auch viele Fische mit dem Wasser aus der Lühe in den Graben.

Die Tradition des Fischens setzt sich auch in der neuen Generation durch

Wie geschildert, entstammt Mutti einer alten Fischerfamilie und das hat sich vererbt. Wir waren ganz wild aufs Fischen, bzw. Angeln. So ist es nicht verwunderlich, dass die Erzählungen unserer Mutter und unseres Opas über das Fischen in Ostpreußen, meinen Bruder und mich animierten, mit dem Angeln anzufangen. Mit sieben Jahren fing ich meinen ersten Fisch. Als Angel verwendeten wir einen schönen langen Stock, den wir uns aus einem Busch schnitten. Zusätzlich kauften wir etwas Sehne. Angelhaken erhielten wir von unserem Vater. Die hatte er aus dem Krieg mitgebracht, als er damals vor Norwegen auf Dorsch geangelt hatte. Selbstverständlich waren die Haken für die Süßwasserfische in dem Graben viel zu groß. Es waren ja nur Weißfische und Aale in dem Bach. Selbst für die großen Regenwürmer (Metten), die wir nahmen, war er noch zu groß. Das war uns aber völlig egal. Und siehe da, auch mit diesem System fingen wir Fische. Es waren meist Rotaugen oder Rotfedern, die den Haken gar nicht schlucken konnten. Er verhakte sich vorne am Maul des Fisches. Damit war es für uns einfach, den Fisch problemlos von dem Haken zu befreien und wieder zurückzusetzen. Manchmal biss auch ein Aal auf unseren Köder. Dann waren wir jedes Mal ganz stolz. Abends briet Mutti dann den Aal, der uns herrlich schmeckte, und unsere Leidenschaft fürs Aalangeln war geweckt.

Bald reichte uns der Graben nicht mehr. Wir wollten mehr Aale fangen. Diese Möglichkeit bot die Lühe. Weit hatten wir es dorthin nicht. Gleich gegenüber unseres Hauses, jenseits der Straße lag der Deich, und dahinter floss die Lühe. Hier war die Wahrscheinlichkeit, bei auflaufendem Wasser Aale zu fangen, deutlich größer. Und tatsächlich, bei der alten Mühle kurz vor Steinkirchen, dort wo die Schuten ihr Korn entluden, fingen wir im Hafenbecken viele Aale.

Irgendjemand hatte mir erzählt, dass die Fische bei Gewitter besser beißen würden. Das wollte ich natürlich ausprobieren. So saß ich eines Tages bei heftigem Gewitter an der Lühe und hoffte auf den großen Fang. Wie es beim Angeln immer so ist, man will aufhören, weil noch nichts gebissen hat, doch dann gibt man sich noch fünf Minuten, gleich könnte ja ein großer Fisch beißen. Aus den fünf Minuten wurden weitere fünf Minuten und so weiter. Letztlich packte ich völlig durchnässt und frustriert die Angelsachen zusammen und ging ohne Fisch nach Hause, aber mit einer neuen Weisheit, an der Mär, bei Gewitter würden die Fische besser beißen, ist nichts dran.

Während dieser Zeit gab es deutlich mehr Fische in den Gräben, der Lühe und der Elbe. Insbesondere Aale gab es zahlreich. Einmal ging ich mit Papa an die Wetter, das ist ein Verbindungsbach, der zwischen Mittelnkirchen und Dollern quer durch die Obsthöfe fließt, und in den all die Entwässerungsgräben münden. Auch dieser Bach hatte Zufluss zur Elbe. Papa war eingeladen zum Hechtfischen. Es war zeitiges Frühjahr, und die Hechte waren aus der Elbe aufgestiegen, um in den Nebenflüssen und Gräben zu laichen. Wir fischten mit Schleppnetz und Stellnetz. Nach kurzer Zeit hatten wir so viele Hechte, dass auch Papa etliche bekam. Diese legten wir zu Hause in die Wanne. Wir Kinder machten uns einen Spaß daraus, mit einem Bindfaden nach den Fischen zu angeln, da die Hechte nach allem bissen, was in ihre Nähe kam.

Eine beliebte Fischfangmethode war auch die Tide auszunutzen. Um das Elbufer vor der Strömung zu schützen, hatten unsere Vorfahren Buhnen auf Ufer geschaffen, das sind kleine Buchten, die links und rechts von geflochtenem Buschwerk geschützt waren. Dieses Buschwerk unterbrach die heftige Strömung in

Ufernähe. Aber nicht nur an den Seiten, sondern auch die Stirnseite der Buhne war mit Buschwerk abgegrenzt. Stieg das Wasser der Elbe, so schwammen die Fische über die Einzäunung der Bucht. Bei ablaufendem Wasser verpassten allerdings viele Fische rechtzeitig wieder zurückzuschwimmen. Nun waren sie in der Buhne gefangen und konnten leicht eingesammelt werden.

Die Strafen

Wie Eltern mit ihren Aussagen, wenn auch oft nur unbedacht geäußert, das Verhalten der Kinder beeinflussen, mag das folgende Beispiel verdeutlichen.

Die Eigentümerin des Bauernhauses, in dem wir wohnten, besaß längst einen anderen Hof ein Stück weiter Richtung Steinkirchen. Meine Eltern waren ständig am Schimpfen über die Behandlung durch die Eigentümerin, über ihre ständige Meckerei: wir würden zu wenig auf dem Hof machen, wir sollten gefälligst sorgfältiger mit ihrem Eigentum umgehen, usw. Wir Kinder dachten, was ist das bloß für eine alte Hexe!

Eines Tages nun wollte die besagte Dame vorbeikommen, um mal wieder, so vermuteten unsere Eltern, alles zu inspizieren. Wir, mein Bruder und ich, hatten uns daraufhin in unserem Kinderwunschdenken überlegt, ihr einen Denkzettel zu erteilen. Wir brauchten nicht lange zu überlegen. An unserem Lieblingsangelplatz, dort wo der Graben entlang der Straße verlief und zu den Höfen abknickte, dort genau an der Ecke stand ein schöner, alter Pflaumenbaum, der sehr gut von der Straße aus zu sehen war. Da die Eigentümerin des Hofes an dieser Stelle auf der Straße vorbei musste, und gute Einsicht auch auf den Pflaumenbaum hatte, bearbeiteten wir diesen mit Spitzhacke, Beil und anderen scharfen Gegenständen. Wir schlugen einen großen Teil der Rinde ab. Als wir damit fertig waren, waren wir richtig stolz auf unsere Arbeit, nicht aber unsere Eltern. Am Abend, als Papa nach Hause kam, passierte das, was immer dann passierte, wenn wir, oder einer von uns etwas „ausgefressen" hatte(n). Papa versammelte uns Kinder in der Küche. Dort saßen wir ihm gegenüber an der Wand auf der kleinen, schmalen Holzbank und fingen schon an zu weinen, bevor es überhaupt losging. Dann nahm sich Papa ein Kind nach dem nächsten vor, zog den Ledergürtel aus seiner Hose, zog dem Kind die Hose herunter, legte es sich über die Knie und schlug mit harten Schlägen, mit der Schnalle zuerst, auf den nackten Kinderpopo ein. Er tat es mit solch einer Kraft, dass wir noch tagelang nicht sitzen konnten. Dunkle, blutunterlaufene, manchmal offene Stellen, zierten noch nach Tagen unsere Hintern. Ich wollte so manches Mal zur Polizei laufen und ihn anzeigen!

Die Winter

Im Winter konnte man auf dem Graben fantastisch Schlittschuhlaufen. Ungeduldig warteten wir darauf, dass das Eis endlich dick genug war, und das war es fast jeden Winter. Dann vergaßen wir die Zeit und liefen oft den gesamten Nachmittag. Völlig verschwitzt und ausgehungert gingen wir erst bei beginnender Dunkelheit ins Haus.

Nun muss man sich die damaligen Schlittschuhe anders vorstellen als die heutigen. Bei den heutigen Schlittschuhen sind die Kufen fest mit den Stiefeln verbunden. In unserer Kinderzeit bestanden sie nur aus dem jetzigen Metallteil, waren also ohne Schuhe. Um sie aber an den Schuhen befestigen zu können, waren zusätzlich an den vorderen und hinteren Seiten Metallplatten mit verstellbaren Klauen, mit denen die Schlittschuhe an den Schuhen festgeschraubt wurden. Wir mussten meist Halbschuhe nehmen, die wir im Sommer getragen hatten, und die uns im nächsten Jahr zu klein gewesen wären. Extra Schuhe für die Schlittschuhe? Daran haben wir keinen Gedanken verschwendet, dafür fehlte einfach das Geld und es gab wichtigere Dinge, die gekauft werden mussten. Sicherlich hatten wir in den Halbschuhen nicht so festen Halt, aber wir gewöhnten uns daran. Auch das Erlernen des Laufens war sehr schwierig, weil die Schuhe je nach Belastung ständig nach links oder rechts wegkippten, doch nach längerer Übung hatten wir den Dreh raus und das Laufen ging wunderbar, so dass wir nur so über das Eis flitzten. Einen weiteren, wesentlichen Nachteil hatten die Schlittschuhe allerdings. Die Klammern wurden an die Absätze angeschraubt, so dass die gesamte Belastung beim Laufen, Stoppen oder um die Kurve fahren von den Absätzen gehalten werden musste. Da passierte es leider häufig, dass der Absatz abriss, und der Schuster seine liebe Mühe hatte, den Schaden wieder zu richten.

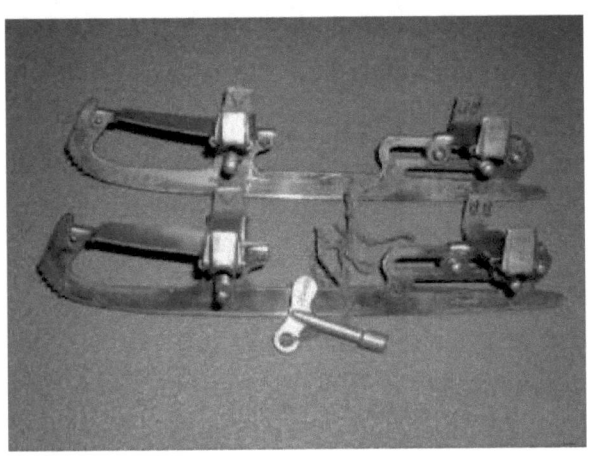

So sahen die Schlittschuhe aus, mit denen wir liefen. An der Seite kann man deutlich den Vierkant sehen, auf den der Schlüssel aufgesetzt wurde, und mit dem die Halterungen fest- oder losgeschraubt wurden.

Im Winter kamen die Kinder aus der näheren Umgebung zu uns, weil es der größte Graben war. Auf dem Eis liefen wir um die Wette oder spielten Fangen. Manchmal liefen wir auch auf den nachfolgenden Gräben weit in die Feldmark hinaus. Ein Erlebnis brannte sich bei einem dieser Male mir besonders in mein Gedächtnis ein.

Eines Tages liefen mein Vater und ich auf dem Eis immer weiter in die Obsthöfe hinein. Es war kalt, die Sonne schien und die Obsthöfe und Wiesen waren schneebedeckt. Wir hatten schon lange keine Häuser und Menschen mehr gesehen. Wir mussten kilometerweit gelaufen sein. Natürlich waren das meine kindlichen Vorstellungen, in Wirklichkeit waren wir höchstens einen Kilometer gelaufen.

Es lagen eine Ruhe und Stille über der Landschaft. Alles war so friedvoll, eine Natur und für mich als Kleinkind ein Naturerlebnis zum Verlieben. Ich dachte, ich wäre mitten in der Wildnis, fühlte mich versetzt nach Sibirien, von dem ich nur gehört hatte. Als dann auch noch

Wildgänse auf einer Wiese aufflogen und ein Hase davon hoppelte, war mein Entschluss gefasst. Ich wollte Förster werden. Dass es dann doch anders gekommen ist, hat andere Ursachen. Für mich jedenfalls war die Ferne, die stille, friedfertige Natur, in der es so viel zu sehen und zu erleben gab, ein so beeindruckendes Erlebnis, dass es mich mein Leben lang begleitet hat. Auch in späterer Zeit zog es mich immer wieder in die Weite von Feld, Wald und Flur.

Auch wenn ich mich nur an strenge Winter erinnere, gab es auch andere. Winter, in denen der Graben nicht oder noch nicht zugefroren war. Wenn in solchen Wintern Schnee fiel, konnten wir dennoch Schlittschuhlaufen. Da auf der Straße gelegentlich nur ein Pferdefuhrwerk vorbeikam und nur wenige Autos fuhren, war der Schnee schnell platt gefahren. Da auch kein Sand oder Salz gestreut wurde, war sie spiegelglatt. Für uns Kinder eine willkommene Angelegenheit, die Straße als Rutschbahn oder Eislaufbahn zu benutzen. Auch wenn der festgefahrene Schnee nicht so hart war wie Eis, und außerdem stumpf, hatten wir unseren Spaß, trotz der mit dem Laufen verbundenen größeren Anstrengung. Schade, dass diese Alternative zum Laufen auf dem Eis heute nicht mehr möglich ist, weil entweder zu viele Autos fahren oder gleich gestreut wird!

Wenn im Frühjahr das Eis zu tauen begann und der Schnee langsam schmolz, hingen lange, dicke Eiszapfen vom Dach. Für uns Kinder war es ein Spaß, auf diese Eiszapfen mit Schneebällen zu werfen. Wer dabei die meisten Zapfen abwarf, hatte gewonnen. Besonders mein Bruder und ich übten uns im zielsicheren Werfen und lagen immer im Wettstreit miteinander.

Das beginnende Tauwetter hinderte uns nicht daran, immer noch Schlittschuh zu laufen. Selbst als schon Wasser auf dem Eis stand, liefen wir noch. Nur hinfallen durften wir nicht, denn dann wären wir pitschnass gewesen. Als dann die ersten Löcher sich in das Eis fraßen und das Eis nun glasklar war, gingen wir entgegen der Verbote trotzdem da rauf. Der Reiz zu sehen, was wir alles unter dem Eis entdecken würden, war einfach zu groß. Naturnah und erlebnishungrig wie wir waren, wollten wir wissen, welches Getier, insbesondere Fische in dem Graben zu sehen waren und was wir sonst noch durch das Eis entdecken würden. Bei strengen Wintern fanden wir leider immer wieder viele tote, unter dem Eis erstickte Fische, denen wir nachtrauerten, weil wir sie im Sommer nicht an der Angel hatten. Dass bei diesem brüchigen Eis nie jemand von uns einbrach, grenzt schon an ein Wunder.

In einem besonders schneereichen Winter, der Schnee backte außerdem so schön, beschlossen mein Bruder und ich, uns ein Iglu zu bauen. Hinten auf dem Hof rollten wir eine große Schneekugel nach der nächsten auf einen Haufen. Die Ritzen zwischen den Kugeln stopften wir mit kleineren Schneebällen fest zu. Dann glätteten wir die Außenwand und danach fingen wir an, den Schneehaufen auszuhöhlen. Erst den Eingang, den wir aus zwei aneinander gereihten Schneekugeln schaffen wollten. Nachdem der Eingang fertig war, ging es schon viel mühsamer. Durch den Eingang konnten wir nur kriechen, so niedrig war er. Und rückwärts kriechend mussten wir dann den anderen Schnee aus der werdenden Höhle schaffen. Irgendwann waren wir damit fertig. Zum Schluss kratzten wir noch ein kleines Fenster aus, damit wir etwas Licht in der Höhle hatten. Abschließend hängten wir vor das Fenster und vor den Eingang noch einen Sack. Nun genossen wir das wunderbare Erlebnis, in einem eigenen Iglu zu sein. Drinnen war es wider Erwarten warm. Es war unser eigenes Heim und wir erlaubten niemanden, in das Iglu zu kriechen.

Unsere Tiere

Wie es damals üblich war, hielten wir auch Tiere. Schweine, Hühner, Gänse, Enten, Tauben und Kaninchen..

Die Tauben

Papa hatte schon als kleiner Junge Brieftauben besessen. Das musste wieder sein. Er kaufte und tauschte sich Brieftauben ein, wurde Mitglied im Brieftaubenverein und schickte die Tauben mit auf Reisen. Hier flogen sie mit anderen um die Wette, und derjenige, dessen Tauben zuerst zu Hause und registriert waren, gewann Preise, wobei eigentlich die Tauben die Preise gewannen. Weil es hier auf Schnelligkeit ankam wie auch bei anderen Rennen, entstand in der damaligen Zeit der Spruch: „Die Tauben sind die Rennpferde des Kleinen Mannes". Gemeint war damit, dass die ärmeren Männer Tauben um die Wette fliegen ließen, während die eher „betuchten" Männer auf Rennpferde setzten.

Um nachzuprüfen, welche Taube als erste den Heimatschlag erreichte, wurden die Tiere, bevor sie mit dem Transportwagen zum Teil bis zu 1000 Kilometer weit weg transportiert wurden, mit nummerierten Gummiringen versehen. Wenn die Taube nun ihren Heimatort erreicht hatte, begann das Bangen. Würde die Taube gleich in den Taubenschlag gehen oder würde sie auf dem Dach sitzen bleiben? Ging sie in den Stall, dann wurde sie gegriffen, der Gummiring abgezogen und in eine Blechhülse gesteckt. Die Blechhülse wurde dann in die Taubenuhr, eine so genannte Registrieruhr gesteckt. Durch das Umdrehen des Schlüssels wurde die Uhrzeit auf einem Papierstreifen festgehalten und gleichzeitig Platz geschaffen für die nächste Hülse. So wurden die Tauben, die ankamen, nach und nach mit ihrer Ankunftszeit registriert.

Selbstverständlich wurden die Uhren vor jedem Reisetag plombiert, damit niemand Unbefugtes sie öffnen und manipulieren konnte. Leider waren die Uhren sehr teuer. Deshalb konnten wir uns keine leisten. Um dennoch die Tauben registrieren zu können, mussten wir den Gummiring so schnell wie möglich zum nächsten Taubenzüchter mit Uhr bringen. Das war in Steinkirchen, also gut einen Kilometer entfernt. Auch wenn wir uns mit unseren alten Fahrrädern, die natürlich keine Gangschaltung hatten, abstrampelten um so schnell wie möglich dort zu sein, gingen durch diesen zusätzlichen Weg natürlich wertvolle Minuten verloren. Deshalb war es verständlich, dass Papa immer nervöser wurde, wenn die Taube nicht von Nachbars hoher Scheune runterkommen und in den Stall gehen wollte.

In der Regel wurden die Tauben am Samstag eingesetzt, beringt und ans Reiseziel gebracht. Am Sonntag wurden sie dann freigelassen. Da wir nicht wussten, wann sie freigelassen wurden, verbrachten wir je nach Entfernung, die die Tauben zurücklegen mussten, viele

Sonntage oft stundenlang draußen auf dem Hof und warteten auf die Tauben. Da auf der hinteren rechten Seite unseres Hofes die hohe Scheune des Nachbarn stand, und die Tauben immer genau hierüber zur Landung ansetzten, war es besonders anstrengend, immer den Kopf in den Nacken zu legen und voller Erwartung in Richtung Scheunendach in den Himmel zu sehen.

Manchmal war es leider bei uns auch so, dass die Tiere nach der Ankunft nicht immer in den Stall gehen wollten. Ganz schlimm war es, wenn sie auf dem Dach der Nachbarscheune landeten. Dann fingen sie meist an, sich gründlich zu putzen und machten keine Anstalten in den Taubenschlag zu gehen. In solchen Fällen wurde unsere Geduld auf eine harte Probe gestellt. Dann versuchten wir mit allen Mitteln, die Taube vom Dach herunter zu locken, da jede Sekunde zählte, wollten wir mit zu denjenigen gehören, deren Tauben die schnellsten waren. Erst nach der Registrierung des Gummiringes in der Taubenuhr war die Reisezeit für die Taube endgültig vorbei, und nur diese Zeit zählte. Wir haben dann gerufen und mit Futter in einer Blechdose geklappert, um die Tauben vom Dach in den Taubenschlag zu lotsen. Manchmal half es, ein andermal wiederum nicht. Tauben haben halt auch ihren eigenen Willen.

Diesen eigenen Willen stellt man bei den Tauben insbesondere bei der Bindung an den eigenen Stall, den Heimatstall fest. Wir wollten zum Beispiel ein Paar Jungtauben verkaufen, das aus einer Zucht mit sehr guten Reiseeltern stammte. Sie sollten verkauft werden, sobald sie flügge waren. Wir nahmen sie schon vorher aus dem Nest, als sie nur wenige Meter fliegen konnten. Mit ihnen in der Hand gingen wir vor den Stall und warfen sie hoch. Mit Müh und Not flatterten sie die wenigen Meter bis zum Stall.

Bevor sie allerdings draußen mit den anderen Tauben geflogen waren, wurden sie in die Nähe von Münster praktisch aus dem Nest heraus verkauft. Der neue Besitzer machte den Fehler, die Tiere nicht länger als einen Tag in seinem Stall einzusperren, damit sie sich an die neue Umgebung gewöhnten und diese als ihren Heimatstall akzeptierten. Die Tauben hatten nichts Besseres zu tun, als sich schon wenige Tage nach Ankunft in dem neuen Heim auf die Rückreise zum alten Taubenschlag zu machen. Zwar kamen sie bei uns nicht an, dafür waren sie zu ungeübt, doch die eine wurde völlig erschöpft in der Nähe von Stade gefunden, also nur wenige Kilometer von uns entfernt.

Das Geflügel

Hühner hielten wir der Eier wegen. Ab und zu gab es aber auch ein Suppenhuhn oder Hähnchen. Gänse und Enten ernährten sich fast von alleine, die meiste Zeit tummelten sie sich auf dem Wasser des an dem Stall entlang verlaufenden Grabens. Zudem gab es genügend Gras in den Wiesen oder im Garten zu fressen.

Zusätzlich zu Enten, Gänse und Hühner hatten wir uns im Frühjahr auch um den eigenen Nachwuchs der Puten zu kümmern. Wenn die Puten anfingen zu legen und eigentlich genügend Eier im Nest lagen, die Pute aber nicht brüten wollte, flößte Mutti ihr ein wenig Schnaps ein, so dass die Pute zunächst betrunken auf dem Nest saß, und seltsamerweise funktionierte der Schnapstrick, die Pute brütete von da an fest.

Schwierig war oft allerdings die Aufzucht der jungen Putenkinder. Junge Puten sind anfällig für allerlei Krankheiten. Damit sie nicht krank wurden, pflückten wir junge Brennnesseln, kochten ein paar Eier, zerhackten und vermischten beides miteinander und fütterten damit die Putenküken. Geholfen hat es jedoch nicht immer. Oft bekamen sie in den ersten Wochen ihres Daseins Fußprobleme, sie konnten nicht mehr auf beiden Beinen stehen. Dann nahm Mutti

Franzbranntwein, rieb die Füße damit ein und siehe da, nach einiger Zeit hatten sich die Beinprobleme gelegt.

Mit ihrer eigenen Nachzucht und den Eiern trugen die Tiere somit zu unserer Versorgung bei und sorgten stets für einen gedeckten Tisch. Sonntags gab es so bei uns regelmäßig Fleisch. Entweder Schweine-, Enten-, Hühner-, Gänse-, Kaninchen- oder Taubenbraten. Die Küche roch wunderschön nach dem Braten und der Soße. Auch das war für uns ein untrügliches Zeichen dafür, dass es Sonntag war. Zum Nachtisch, und der musste sein, gab es eingeweckte Pflaumen, Birnen oder Schokoladenpudding. Allein wenn ich heute daran denke, glaube ich noch, den Duft in der Nase und den Geschmack im Mund zu spüren.

Die Schweine

Den Schweinen müssen allerdings mehr Sätze gewidmet werden. Zum einen hielten wir sie für den eigenen Bedarf, und zum anderen zum Verkauf. Auch Sauen waren dabei, die ferkelten, also Junge bekamen. Die kleinen Ferkel nach der Geburt trocken zu reiben und zu sehen, wie quietschvergnügt und munter sie so gleich nach der Geburt herumsprangen und auch gleich die Zitzen der Mutter suchten, um zu trinken, war eine reine Freude. Kein Vergnügen war es, wenn die männlichen

Ferkel beschnitten wurden. Einer von uns nahm das Ferkel kopfüber zwischen die Beine, hielt die Hinterbeine auseinander und Papa entfernte mit dem Rasiermesser die Hoden bei den Ferkeln.

Wir hatten regelmäßig drei bis fünf Sauen und einen Eber. So hatten wir immer Nachwuchs, wenn ein Schwein geschlachtet wurde. Ein Schwein hatten wir immer für uns, die anderen kaufte der Schlachter. Wir mästeten die Schweine bis sie vier bis fünf Zentner wogen, dann wurden sie geschlachtet oder verkauft. Natürlich waren die Schweine bei vier bis fünf Zentnern richtig fett, aber wir liebten die fette Nahrung. Nach all den Jahren der Entbehrungen war das Fett wie Labsal für die Seele. Fettreiche Nahrung musste einfach sein. Das galt nicht nur für uns, sondern für die überwiegende Bevölkerung in den Nachkriegsjahren.

Für uns Kinder war es immer ein Freudentag, wenn der Schlachter kam. Gegenüber dem Schlachter hatten wir den alten ostpreußischen Brauch übernommen, dass der Schlachter uns Tagelgeld, Schwanzgeld, für das Schwein zu zahlen hatte. Das waren in der Regel 5 bis 10 Pfennige pro Schwein, zu damaliger Zeit viel Geld.

An einem Tag, als wieder ein Schwein verkauft werden sollte, hatte der Schlachter kein Tagelgeld, also kein Kleingeld bei sich. Er gab mir 50 Mark und sagte: „Geh mal zum Kaufmann, wechsel das Geld und kauf dir gleich etwas für dein Tagelgeld." Ich also hin zum Kaufmann, in diesem Fall eine Kauffrau, Frau R.. Sie betrieb einen typischen Tante Emma-Laden ein kleines Stückchen weiter oben auf dem Deich. Bei ihr hätten wir auch 100 Gramm Mehl kaufen können, weil sie die meisten Waren lose, also unverpackt aufbewahrte. Frau R. war eine nette, hilfsbereite ältere Dame, bei der wir in der Woche, wenn das Geld knapp wurde, auch anschreiben lassen konnten. Am Samstag, wenn Lohntag war, gingen wir dann unsere Schulden bezahlen. Benötigten wir abends spät noch Zucker oder Mehl zum Backen, so war es selbstverständlich, eben mal schnell zu Frau R. hinüber zu laufen, an der Hintertür zu klopfen und Frau R. um die Ware zu bitten. Hilfsbereit holte sie, was wir haben wollten und wünschte uns zum Abschied noch einen schönen Abend. Als ich mit dem 50 Markschein ankam, wechselte Frau R. mir diesen anstandslos. Von dem mir versprochenen Tagelgeld kaufte ich mir eine Tüte Goldnüsse für 5 Pfennig. Goldnüsse sind runde, goldene Bonbons mit Schokoladenfüllung. Stolz kehrte ich mit dem Wechselgeld und den Goldnüssen zurück. Als der Schlachter dann weggefahren war, schimpften meine Eltern heftig mit mir. „Der hat doch genug Geld" sagten sie. „Warum hast Du nur für 5 Pfennig etwas gekauft. Du hättest doch gleich für 50 Pfennig einkaufen können und müssen! Merk dir das für das nächste Mal!"

Die Schweine wurden meistens im Winter geschlachtet. So konnte das Fleisch schön durchkühlen. War nun Schlachttag, gingen wir mit Papa in den Stall. In einer Hand hatte er ein Tau, das er am rechten Hinterlauf des Schweines festband. Dann trieben wir das Schwein am Tau haltend aus dem Stall und dirigierten es dorthin, wo es geschlachtet werden sollte. Ich weiß nicht, ob die Schweine ahnten, was gleich geschehen sollte, auf jeden Fall quiekten und schrien sie wie am Spieß. Am Schlachtplatz angekommen, hielten wir das Schwein so lange fest, bis es einigermaßen still stand, dann erschlug es der Schlachter. Sofort schnitt er ihm die Kehle durch und das Blut schoss aus dem Schnitt. Mutti schob schnell eine Schüssel unter die blutende Wunde und fing das ausströmende Blut unter eifrigem Rühren auf. Das Rühren war deshalb so wichtig, weil sonst das But klumpte, und es nicht zu Blutwurst weiterverarbeitet werden konnte. Als das Schwein ausgeblutet war, hievten Papa und der Schlachter es in einen großen Holztrog mit heißem Wasser. Zusätzlich hatten wir noch kochendes Wasser in Eimern bereitgestellt, das der Schlachter über das Schwein goss, um es abzubrühen. Gleich nach dem Abbrühen schabte er die Borsten des Schweines mit einer Glocke ab. Die Glocke sieht aus wie ein kleiner Spitzhut mit einem gebogenen Haken an der Spitze. Nach dem Abschaben zog der Schlachter mit dem Haken die Zehennägel von den Füßen des Schweines, damit auch die Füße entweder zu Wurst, Sülze oder zu Haxe weiterverarbeitet werden konnten.

Als diese Arbeit erledigt, und das Schwein frei von Borsten und Zehennägeln war, hängten Papa und der Schlachter das Schwein an den Sehnen der Beine mit gespreizten Hinterbeinen an eine Leiter. Dann schnitt der Schlachter das Schwein von oben auf und holte die Innereien heraus. Die Därme legte er in einen extra Eimer. Um die Blase stritten wir Kinder uns, war sie getrocknet doch ein beliebtes Spielgerät. Die Blase bliesen wir auf und schnürten den Harnleiter fest mit einem Band zu. Anschließend legten wir die Blase an einen warmen, nicht feuchten Platz zum Trocknen. War sie nach einigen Tagen getrocknet und die Haut pergamentartig, reißfest und knisterte schön, diente sie unter anderem als Fußball.

Einmal, aber dann auch nie wieder, nachdem wir gesehen hatten, was wir angerichtet hatten, banden wir einer Katze die trockene Blase an den Schwanz. Als wir die Katze losließen, sauste sie in wilder Panik wie ein Blitz davon, die trockene, auf dem Boden knisternde Blase hinter sich herziehend.

Am nächsten Tag, als das Fleisch gut durchgekühlt und abgehangen war, zerteilte der Schlachter es. Je nach gedachter Verarbeitung schnitt er es in Portionen. Vom

Schwein hatten wir als erstes die Leber, das Herz und die Nieren zum baldigen Verzehr oder für die Zubereitung von Wurst reserviert. Doch noch am selben Abend gab es ostpreußischen Schwandschinken. Das war immer ein Festessen! Hierzu hat Mutti die Bauchscheiben des Schweines, die natürlich sehr fett waren, in der Pfanne gebrutzelt, bis das Fett in der Pfanne schwamm und die Bauchscheiben schön braun und knusprig waren. Dann setzten wir uns alle um den Tisch, und die Pfanne kam in die Mitte. Mutti hatte auch Schwarzbrot und Weißbrot geschnitten und griffbereit in Scheiben auf dem Tisch gelegt. Nun nahm sich jeder nach Belieben entweder Schwarz- oder Weißbrot, tunkte dieses in das Fett, legte vielleicht noch eine Scheibe knuspriges Bauchfleisch oben auf und das fantastische Essen konnte beginnen. In heutiger Zeit unvorstellbar, aber wie schon gesagt, fettes Essen war völlig normal und unser Körper verlangte danach.

Am nächsten Tag gab es gebratene Leber. Zusammen mit Kartoffelbrei und Apfelmus ein unvergesslicher Genuss. Wir aßen wie die „Scheunendrescher", und wir konnten viel essen!

An diesem Tag fingen wir auch an, das Schwein zu verarbeiten. Mutti war die Chefin. Sie sagte dem Schlachter, was er zu welchem Zweck zu schneiden hatte. Mutti nahm das geschnittene Fleisch in Empfang und sortierte es je nach Verwendungsziel in diverse Schüsseln. Schweinebacke und Zunge kamen in die eine, das magere Fleisch in eine andere, das Bauchfleisch in wiederum eine zusätzliche usw. Später in der Küche lief Mutti richtig zur Höchstform auf. Hier portionierte sie Fleisch, dort salzte und pfefferte sie eine Mischung und schmeckte sie ab. Gleichzeitig erzählte sie, was wir zu machen hatten, und obendrein hatte sie auf dem Herd noch das eine und andere am Brutzeln. Mit hochroten Wangen war sie überall geschäftig zur Stelle.

Das Fleisch, das für Hack vorgesehen war, zerschnitt Mutti in kleine Fleischwürfel, die wir dann im Fleischwolf mit der Hand durchdrehten. Mit der einen Hand füllten wir die Stücke in den Trichter des Fleischwolfes, mit der anderen drehten wir die Kurbel, die das Fleisch in das Mahlgetriebe zog und zerrieb. Aus dem Hack fertigte Mutti dann köstliche „Klopse," also Frikadellen. Auf dem Herd kochten derweil die verschiedenen Fleischstücke für die Leber-, Blut-, Grütz- und Mettwurst. Neben den dampfenden Töpfen auf dem Herd briet das fette Bauchfleisch vor sich hin. Mutti „ließ das Fett aus", um es zu Griebenschmalz zu verarbeiten.

Es gab kaum etwas, was vom Schwein nicht verwertet wurde. Zunge, Ohren und das Fleisch von den Füßen, kochten wir solange, bis gar war, dann schnitten wir es klein und machten hieraus Sülze. In der Zwischenzeit wusch eins von uns Kindern die Därme in einem Eimer mit Wasser, dem etwas Alaun zugesetzt war. Waren die Därme frei von Kot, pusteten wir sie anschließend durch. Es war jedes Mal erstaunlich und sehenswert, wie sich der Dünndarm beim Durchpusten Stück für Stück im Eimer mit Luft füllte, ringelte und wie eine weiße Schlange nach und nach aus dem Wasser auftauchte. Je mehr wir pusteten, desto länger wurde die „Schlange", sie schien fast kein Ende nehmen zu wollen. Den Darm banden wir anschließend in einzelne Längen von circa vierzig Zentimeter mit Wurstband ab. Danach schnitten wir die abgebundenen Stücke ab.

Das im Fleischwolf durchgedrehte Fleisch durchsetzte Mutti nach ihrem eigenen Gutdünken mit Salz, Pfeffer und Gewürzen. Eine schriftliche Aufzeichnung über die Zubereitung kannte sie nicht. Nie, weder beim Kochen, beim Backen noch beim Schlachten habe ich ein Rezept bei ihr gesehen. All ihre Koch- und Backkünste beruhten auf Erfahrung und in Verbindung mit gelegentlichem Probieren. Mutti musste wohl außerordentlich gute Geschmacksnerven gehabt haben, denn ihre Koch- und Backergebnisse waren immer hervorragend. Leider haben die fehlenden Aufzeichnungen einen Nachteil gehabt. Nachahmen konnten wir Kinder Mutti nicht, unsere Koch- und Backergebnisse ließen sich bei weitem nicht mit denen messen, die wir von ihr kannten. Heike, unsere Schwester, die 1952 geboren wurde, machte sich die Mühe, ein Rezept durch Mutti diktieren zu lassen. Hier stand dann unter anderem drin: „Salz und Kardamon frei nach Schnauze."

Nach Fertigstellung und letzter Kostprobe durch Mutti kamen die verschiedenen gewürzten Fleischportionen dann zur Weiterverarbeitung. Um Wurst zu machen, schraubten wir vorne am Fleischwolf eine Tülle an und zogen über die Tülle das eine Ende des Darms. Dann füllten wir die Därme mit dem gewürzten und gut durchgekneteten Fleisch, indem wir das Fleisch erneut durch den Wolf drehten. So entstanden Leber-, Blut- und Grützwurst, die dann allerdings noch gekocht werden mussten. Beim Kochen platzten leider ein paar Därme und der Inhalt ergoss sich in das heiße Wasser des Kochtopfs. Aber auch für dieses nun mit Wurstinhalten „verseuchte" Wasser wusste Mutti eine Lösung. Mit Nudeln versetzt ergab sich hieraus eine hervorragende Suppe, die nicht nur köstlich schmeckte, sondern auch einige Tage aufbewahrt werden konnte.

Den Schinken und die angefertigte Mettwurst ließen wir räuchern. Auch pökelte Mutti Fleisch ein, das dann im Keller unter Tuch in einem Fass über Monate aufbewahrt wurde. So hatten wir auch Wochen nach dem Schlachttag noch Fleisch von dem Schwein. In einen

Schlachterladen ist Mutti nie gegangen, Fleisch hatten wir ja ständig selbst, dafür sorgten sie und unsere Tiere.

Manchmal, wenn wir am nächsten Tag nach dem Schlachten nach Hause kamen, und uns ein fürchterlicher Gestank beim Aufschlagen der Haustür entgegenschlug, wussten wir sofort, was es zu Mittag gab, nämlich Königsberger Fleck, eine Speise, die Mutti aus den Därmen zubereitete. Manche kennen es als Gericht aus dem Kuhmagen. Wer nun glaubt, igitt, der täuscht sich gewaltig. Auch diese Speise, abgesehen vom Geruch, hatte einen vorzüglichen Geschmack und wir haben sie mit Heißhunger gegessen. Unsere Mutter pflegte stets zu sagen: „Wat good reekt, dat schmekt och good", wobei sie mit gut riechen natürlich stinken meinte.

Wenn jemand glaubt, Schweine seien dumme Tiere, der irrt. Schweine gehören mit zu den klügsten Tieren, die es gibt. Dies lehrte uns auch ein Beispiel aus unserer Kindheit.

Wir wollten unbedingt auf den Schweinen reiten. Wir trieben ein Schwein aus dem Stall und setzten uns auf dessen Rücken und schon lief das Schwein los. Das plötzliche Gewicht auf seinem Rücken war wohl zu viel für das Schwein. Es versuchte uns so schnell wie möglich loszuwerden. Lenken war nicht möglich, da das Schwein seinen eigenen Kopf hatte, und wir ja auch keine Zügel. Solange wir uns auf dem Misthaufen oder auf einer Fläche ohne Hindernisse, also auf dem Hinterhof befanden, war es kein Problem, sich auf dem Schweinerücken zu halten. Aber das hatten die Schweine auch schnell erkannt, deshalb liefen sie so schnell wie möglich zum nächsten Zaunpfahl und streiften uns ab. So dauerte jeder Ritt leider nur wenige Sekunden.

Die Ratten

Wenn ich von all unseren Tieren erzähle, darf ich nicht nur von den für uns nützlichen berichten, sondern muss unbedingt auch die weniger nützlichen, die Schädlinge erwähnen. Hiermit meine ich die Ratten, die leider sehr zahlreich rund um und in den Ställen vertreten waren. Das war natürlich auch nicht verwunderlich, denn gleich mehrere Faktoren, die eine Häufung verursachen, trafen bei uns zusammen: Der Graben gleich neben den Ställen, der Misthaufen, auf den wir auch nicht mehr verwertbare Küchenreste kippten, sowie die zahlreichen Tiere, die wir hielten. Von denen blieben immer ein paar Körner liegen, weil sie nicht gleich alles aufpickten. Deshalb war es ein ewiger Kampf, ihrer Herr zu werden. Auf dem Strohboden über dem Schweinestall stellten wir Tellereisen auf. So manche Ratte fing ich so. Aber das waren ja nur vereinzelte. Selbst am helllichten Tag sahen wir sie laufen. An einem Nachmittag, Papa und ich gingen gerade zum Taubenstall, da sahen wir jenseits des zehn Meter breiten Misthaufens eine Ratte am Holzschuppen entlanglaufen. Mein Vater zog seinen Holzpantoffel aus und warf ihn nach der Ratte. Tatsächlich traf er sie so, dass sie gleich tot war.

Eines Abends, Papa und ich waren noch im Hühnerstall am Werkeln, gingen wir bei beginnender Dunkelheit noch einmal kurz hinüber in den Schweinestall, um nach den Schweinen zu sehen. Als wir dort das Licht einschalteten, konnte ich kaum fassen, was ich dort sah. Ratten! Überall Ratten! Der Stall war übersät mit Ratten! Es mussten Hunderte gewesen sein! In alle Richtungen versuchten sie vor uns zu flüchten. Scharenweise liefen sie die Wände hoch, um sich auf dem Strohboden zu verstecken. Andere kamen auf dem Fußboden uns entgegengerannt, um durch die offene Tür zu entschlüpfen. Wiederum andere tauchten in die Zugänge zur Kanalisation ab, um von dort aus zum Graben zu gelangen. Papa rannte sofort auf die Ratten zu und versuchte, sie beim Hineinschlüpfen in die Kanalisation totzutreten. Drei oder vier erwischte er, dann war der Spuk auch schon vorbei. Wer weiß, wie flink Ratten sind, kann sich ausmalen, wie viele es gewesen sein mussten, wenn man gleich drei oder vier erwischt, obwohl sie in alle Richtungen davonlaufen. Noch heute kenne ich den Grund für die plötzliche Vielzahl der Ratten nicht. Immer wieder denke ich, ob die auch so etwas wie eine Versammlung abhielten?

Als wir eine Stunde später abermals in den Stall gingen, zusammen mit meinem Bruder, aber dieses Mal bewaffnet mit einem Stock, waren erneut Ratten dort, aber dieses Mal wesentlich weniger. Papa versuchte, so viele Ratten wie möglich mit dem Stock zu treffen, aber nur bei einer gelang es. Eine Ratte lief auf dem Fußboden uns direkt entgegen. Leider verfehlte ich die Ratte, nun war mein Bruder an der Reihe, der hinter mir war. Doch statt zu versuchen, die Ratte zu treffen, machte er kehrt und lief davon. Sicherlich in dem Alter, in dem er war, nämlich sechs, eine natürliche Reaktion.

Unser Kater

Die Rattenplage war auch Anlass dafür, dass Papa eines Tages mit einem jungen Kater nach Hause kam. Er hatte die typische Naturfarbe der Katzen, grau mit dunklen Streifen. Wir liebten ihn sofort und gaben ihm den Namen Peter. Er war sehr gesellig, brauchte seine Streicheleinheiten und war ein guter Mäuse- und Rattenfänger. Verständlich, dass ich an den Kater nur positive Erinnerungen habe. Einmal, wir waren gerade in der Waschküche, als dort eine Maus lief. Sofort stürzte sich Peter auf die Maus, blieb aber an einem Latschen, einem Hausschuh, hängen. Dennoch hatte die Maus keine Chance. Trotz des mitschleppenden Latschens fing er sie. Eines Morgens, Peter war noch sehr jung, präsentierte er uns seine erste selbst gefangene Ratte. Sein Gesicht war zwar reichlich zerkratzt und blutig, aber er schien unheimlich stolz auf seine Beute zu sein. Von da an ging er regelmäßig auf Rattenfang und endlich war es vorbei mit der Rattenplage.

Ein weiterer, angenehmer Effekt, der mit Peter verbunden war, war dass wir nicht mehr alleine bei Dunkelheit auf der Toilette waren. Kaum saßen wir auf der „Klobrille", plumpste es neben uns und mit einem Schnurren schmiegte sich Peter an uns und wollte gestreichelt werden. Woher er kam, wussten wir nicht, dafür war es zu dunkel. Es schien aber als ob er jedes Mal auf uns gewartet hätte. So hatten wir auf dem stillen Örtchen Gesellschaft und als besonderen Nebeneffekt eine Wärmequelle, denn wenn sich der Kater an uns schmiegte, verbreitete er mit seinem Fell eine wohlige Wärme. Uns Kindern gegenüber war der Kater immer anschmiegsam und freundlich. Gekratzt hat er nie. Selbst als meine kleine Schwester Heike, als sie gerade laufen konnte, den Kater auf ihre Schulter legte, ihn über den Rücken herunterrutschen ließ und am Schwanz festhielt, fuhr er nicht die Krallen aus, sondern ließ auch diese Tortur geduldig über sich ergehen. Aber wie alle Kater ging er leider ab und zu auf Brautschau. Dann kam er erst nach Tagen abgemagert und zerzaust wieder. Nach einem dieser Ausflüge warteten wir jedoch vergebens auf seine Rückkehr. Tage später fanden wir ihn überfahren tot am Straßenrand liegend. Die gesamte Familie weinte bitterlich über diesen herben Verlust.

Die Eulen

In unserem Bauernhaus lebte oben auf dem ausrangierten Dachboden ein Eulenpaar. Abends, wenn die Dämmerung hereinbrach, dann erschien eine der beiden Eulen oben am Einflugloch. Es befand sich direkt unter der hinteren Giebelspitze des Bauernhauses. Neigte der Tag sich dem Ende zu und das Licht des Tages wurde schwächer, standen wir Kinder oft auf dem Hinterhof und warteten auf das Erscheinen der Eule. Wenn sie dann hervor kam und auch noch ihr Kiwitt erklingen ließ, dann sagten wir immer, heute Nacht stirbt jemand. Für uns war die Eule ein Todesbote, so wie uns die Älteren es gelehrt hatten.

Einmal schlichen mein Bruder und ich uns auf den Boden. Links war der beschriebene Trockenboden, rechts trennte eine Bretterwand den ehemaligen Heu- und Strohboden vom Zutritt ab. Wir hatten allerdings herausgefunden, dass ganz hinten rechts ein paar dieser Bretter lose waren. Diese schoben wir nun zur Seite und betraten den Strohboden, ein für uns geheimnisumwitterter Raum. Wussten wir doch nicht, welche unentdeckten Geheimnisse er verbarg, und das dämmerige Licht auf dem Boden trug mit zu dem Geheimnisvollen bei. Jedes Mal, wenn wir den Boden heimlich betraten, regten sich in uns die Abenteuer- und Entdeckerlust.

Wir mussten besonders vorsichtig sein. Zum einen wollten wir nicht entdeckt werden, und zum anderen waren die Deckenbohlen zum Teil schon morsch und brüchig. Bei einem früheren heimlichen Besuch sprangen mein Bruder und ich von den verbliebenen Heu- und Strohbündeln herunter, und dabei brach eins der Bretter durch, und ich fiel in den darunter liegenden, ehemaligen Viehstall. Zum Glück tat ich mir nichts, doch ich war eingesperrt auf der Diele, denn alle Fenster und Türen waren zu. Schließlich gelang es mir doch, ein Fenster von innen zu öffnen, und unversehrt herauszukrabbeln. An dieses Erlebnis denkend, tasteten wir uns dieses Mal ganz vorsichtig im Halbdunkel vorwärts, bis wir fast die Rückseite des Hauses erreicht hatten. Da hörten wir plötzlich ein leises Fauchen. Wir dachten an kleine Katzen, die dort wohl im Nest liegen würden, doch bei näherem Hinsehen sahen wir zwei kleine Kauze, Eulen. Sie waren ungefähr so groß wie Tauben. Süß und kuschelig sahen sie aus. Mit ihren überaus großen, schwarzen kullerrunden Augen und dem weißen Dunengefieder sahen sie aus wie zwei kleine Schneekugeln, in die man zwei kleine Kohlenstücke gesteckt hatte. Fauchend versuchten sie uns auf Abstand zu halten, doch wir konnten der Versuchung nicht widerstehen, sie in die Hand zu nehmen. Am liebsten hätten wir die kleinen Kuscheltiere mitgenommen, doch wir wussten, wir würden sie nicht alleine großziehen können, so mussten wir sie schweren Herzens vor Ort zurücklassen. Das war für uns ein wunderbares Erlebnis und die von den scharfen Krallen zerkratzten Hände erinnerten uns noch einige Zeit hieran.

Die Störche

Nebenan auf der hohen Scheune des rechten Nachbarn hatte ein Storchenpaar sein Nest. Im Frühjahr warteten wir sehnsüchtig auf die Rückkehr der Störche. Wenn sie dann endlich kamen, das Nest in Beschlag nahmen, den

Schnabel zurücklegten und ihr fröhliches Geklapper anstimmten, dann sagten auch wir immer: „Klapperstorch du Bester, bring uns doch ne Schwester…..". Damals glaubten wir noch, dass die Kinder im großen Teich schwimmen, und der Storch diese dann zu unseren Müttern brachte. Da er die Mütter dabei gleichzeitig auch ins Bein zwickte, war dies der Grund, und für uns einleuchtend, warum die Mütter nach der Geburt nicht aufstehen konnten.

Einmal, wir spielten gerade Fußball auf dem Hinterhof, das große Einfahrtstor zur Diele war das Tor, saß der Storch oben bei uns am hinteren Giebel auf dem Dach. Wir waren emsig am Spielen, im Tor stand Klaus L. als plötzlich eine Ladung Storchenkot von oben herab direkt auf Klaus fiel. Der Storch konnte wohl nicht mehr an sich halten, und wir Kinder, als wir Klaus erblickten, auch nicht. Wir bekamen Tränen in die Augen vom Lachen. Nicht so Klaus, er war über und über mit den weißen Storchhinterlassenschaften bedeckt.

Die Familie wächst

1952 kam unsere Schwester Heike zur Welt. Nun waren wir 7 Personen in der kleinen Wohnung. Um allen in dem kleinen Raum eine Schlafgelegenheit zu bieten und dennoch etwas Bewegungsfreiheit zu haben, schliefen wir Kinder zu zweit in einem Bett. Mutti und Papa schliefen im Ehebett, vom Eingang gesehen rechts, daneben stand das Kinderbett mit Heike, Ulla und Ingrid teilten sich ein Bett, das mit dem Kopfende zum Fenster stand, und das Bett für meinen Bruder Willi und mich stand gleich neben dem von Ulla und Ingrid.

Die verschiedenen Tätigkeiten zur Aufbesserung unseres Lebensunterhaltes

Um die große Familie zu ernähren, war das Geld, das Papa auf dem Bau verdiente, mehr als knapp. Selbst Mamas Sparkünste, die sie auch beim Essenkochen mit großer Bravour anwendete, halfen da nicht viel. Also musste nach weiteren Möglichkeiten gesucht werden, Geld zu verdienen, damit wir die lebensnotwendigen Dinge besorgen und bezahlen konnten. Möglichkeiten dafür gab es viele, und die nutzten wir.

Sprähenhüten

Sprähen (Stare) hüten war so eine. Das bedeutet, wir gingen während der Sommerferien mit einer Holzklapper durch die Obsthöfe. Die Klapper bestand aus einem Holzstiel mit Griff und Zahnkranz. An dem Stiel war ein dünner, rechtwinkliger Sperrholzflügel befestigt. Schwang man nun den Stiel im Kreis, setzte sich der Flügel in Bewegung und sprang von Zahn zu Zahn, dadurch entstanden klappernde, laute Geräusche. So gingen wir dann durch den Obsthof und scheuchten mit dem Lärm die Sprähen auf. Es waren nur wenige Pfennige, die wir vom Bauern für die Stunde hierfür erhielten, aber es war Geld. Der Nachteil war allerdings, dass wir einzeln und ganz allein als kleine Kinder den ganzen Tag bei Wind und Wetter durch den Obsthof gingen, um Sprähen zu verscheuchen. Weil der Bauer, bei dem ich tätig war, auch mich als Flüchtlingskind wie einen „Sklaven" behandelte, und mir das Alleinsein zu langweilig war, habe ich das Sprähenhüten nicht lange durchgehalten.

Obstpflücken

Was wir während der Kirschernte in den Sommerferien regelmäßig taten, war Kirschen pflücken. Wir pflückten für ein Bauernehepaar, dem Bauern R. Das Ehepaar R. war freundlich und hilfsbereit uns gegenüber, und wir fühlten uns dort richtig wohl. Schon meine große Schwester Ingrid hatte jahrelang auf die beiden kleinen Töchter des Ehepaares aufgepasst. Ingrid erhielt immer etwas mehr Geld als den vereinbarten Lohn, weil das Ehepaar wusste, dass Ingrid sich von dem Geld ihre eigenen Schulbücher kaufen wollte. Sie mochte es absolut nicht, sich diese mit anderen Kindern zu teilen, so wie es üblich war. Bei einer derartigen Akzeptanz und Behandlung gingen wir natürlich sehr gerne dort arbeiten. Selbst nachdem wir aus dem Alten Land weggezogen waren, besuchten wir die Familie R. wiederholt. Der Bauer wohnte in einem wunderschönen Fachwerkhaus, kurz vor der Brücke in Steinkirchen. Leider brannte dieses Kleinod bei einem Gewitter ab, aber zu der Zeit wohnten wir schon lange nicht mehr in Hohenfelde.

Nach der Kirschernte ging Mutti Pflaumen, Birnen und Äpfel pflücken. Mutti hantierte dann mit der großen, schweren hölzernen Leiter und musste manchmal auf der bis zu zehn Meter hohen Leiter in den Baum steigen. Besonders die Birnenbäume ragten hoch hinaus. Oft standen sie dicht an den Gräben, die die Felder durchzogen, so dass es manchmal sehr schwierig war, die Grabenseite des Baumes abzupflücken.

Die Bäume waren zu damaliger Zeit deutlich höher als in den heutigen Obsthöfen. Dort oben im Baum brauchte Mutti Mut und Kraft, musste sie doch die großen, aus Weidenzweigen geflochtenen Kiepen (Körbe), von Ast zu Ast hängen oder beladen mit Kirschen, Pflaumen oder Äpfeln die Leiter heruntertragen. Schon allein das Hantieren der schweren, zehn Meter langen Holzleiter war eine enorme Kraftanstrengung. Doch all das meisterte Mutti mit Bravour, selbst durch Dauerregen ließ sie sich nicht vom Pflücken abbringen, sie wusste ja, ihre Leistung wurde belohnt, je mehr sie pflückte, und sie konnte schnell pflücken, desto mehr Geld erhielt sie. Und das Geld, das konnten wir gut gebrauchen, war es doch ein Zusatzverdienst zu dem, was Papa nach Hause brachte. Natürlich halfen wir Mutti beim Pflücken soweit wir es konnten und soweit es unsere Schulzeiten zuließen. Zusätzlich halfen wir aber auch dem Bauernehepaar in der Scheune. Hier suchten wir aus den gepflückten Kirschen die schlechten heraus.

Pause beim Kirschenpflücken. Mutti erste von rechts, Ingrid zweite von links.

Kartoffelstoppeln

Als wir Kinder waren, waren die Maschinen technisch noch nicht so gut ausgereift und es blieben nach dem Roden immer noch Kartoffeln in der Erde zurück. Nach diesen suchten wir, um sie für den Eigenbedarf zu ernten. Bei diesem Kartoffelstoppeln, wie wir es nannten, hackten wir Kartoffelreihe für Kartoffelreihe mit einer vierzinkigen Hacke durch und versuchten die nicht ausgerodeten Kartoffeln zu finden. Fanden wir welche, sammelten wir sie auf und legten sie in einen mitgebrachten Sack. Auch wir Kinder beteiligten uns fleißig am Kartoffelstoppeln. Gleich nach der Schule zogen wir Kinder mit dem Fahrrad los, bewaffnet mit Hacke und Säcken. An den Sonntagen ging es dann gemeinsam mit Papa schon früh morgens los.

Die Kartoffelfelder lagen auf dem Geestland, das fing bei Dollern an. Auf dem Marschland, das zu tief lag, wurden keine Kartoffeln angebaut, der Boden eignete sich hierfür nicht. Bis Dollern waren es von uns aus um die fünf Kilometer. Durch Dollern fuhr auch die Eisenbahn und gleich hinter den Gleisen ging es vom Marschland bergauf in Richtung Geestland. So mussten wir, wollten wir zu den Kartoffelfeldern kommen, die Anhöhe hinauf. Der Anstieg war so steil, dass wir irgendwann doch vom Rad absteigen und dieses schieben mussten. Leider mussten wir auch auf dem gleichen Weg zurück.

In der Woche, das heißt von Montag bis Sonnabend, fuhren wir Kinder jeden Tag gleich nach der Schule los. In der Zeit war auch noch am Samstag Unterricht, genauso wie für alle anderen der Samstag ein ganz normaler Arbeitstag war. Wir waren erst sieben, acht, neun und fünfzehn Jahre alt. Die Fahrräder, mit denen wir fuhren, waren Damenfahrräder, andere hatten wir nicht, und für uns Kleinen war es auch viel leichter, auf einem Damenfahrrad Radfahren zu lernen, als mit einem Herrenrad, bei dem die Stange zwischen Lenker und Sitz immer im Weg war.

Das Stoppeln auf den abgeernteten Feldern war mühsam, weil wir immer in ungewohnter, gebückter Haltung arbeiten mussten. Aber wir waren ja noch jung. So stöhnten wir nur über die für uns ungewohnte körperliche Arbeit, sammelten aber fleißig Kartoffeln. Ehrgeizig wie wir waren, wollten wir mit möglichst vielen Kartoffeln nach Hause kommen. Als die Säcke voll waren, legten wir sie auf das Fahrrad, meist auf den Gepäckträger, denn so mussten wir das Rad mit seiner Last nicht schieben. Für uns Kinder war es immer eine Riesenanstrengung, den schweren Sack auf den

Gepäckträger zu bekommen, immerhin wog er bis zu 50 Kilogramm. Besonders schwierig wurde es dann, wenn Ingrid nicht dabei war. Aber in gemeinsamer Hilfe schafften wir auch das. Ihn dann auch noch so hinzulegen, dass er nicht wieder herunterfiel, war schon eine Kunst. Leider passierte das viel zu oft. Wenn uns der Sack zu schwer war, legten wir diesen zwischen Lenker und Fahrradsitz. Dann kam der noch anstrengendere und mühsamere Teil der Arbeit, nämlich das Fahrrad nach Hause zu schieben. Mit unserer Größe mussten wir uns bei den Erwachsenenrädern, die wir fuhren, schon recken, um an beide Griffe des Lenkers zu kommen. Mit dem Sack in der Mitte aber konnten wir nicht mehr so dicht neben dem Fahrrad hergehen, da dieser zu beiden Seiten ein Stück herausragte. So mussten wir, um überhaupt neben dem Rad hergehen zu können, es zu unserer Seite neigen. Auch konnte der Sack in dieser Lage nicht so schnell herunterfallen. Aber gerade durch das Schräghalten des Fahrrads mussten wir kräftig gegendrücken, um die Balance zu halten, damit das Fahrrad nicht um, oder der Sack herunterfiel. Es war wirklich eine wackelige und sehr, sehr anstrengende Angelegenheit, die schweren Säcke auf dem fünf Kilometer langen Weg nach Hause zu bringen. Wenn wir dann endlich, nach mehreren Pausen, zu Hause angekommen waren, waren wir tatsächlich mit unseren Kräften am Ende. Um wenigstens eine

Teilstrecke des Schiebens zu sparen, riskierten wir es oft, bevor es in Dollern bergab ging, uns auf das Fahrrad zu setzen. Die Füße stellten wir dann auf den Sack. Und ohne an die Gefahren zu denken, in die wir uns begaben, starteten wir oben auf dem Berg. Die schwere Last zog uns förmlich nach unten und wir mussten höllisch aufpassen, damit wir nicht zu schnell wurden oder ins Schwanken kamen. Das war naturgemäß nicht so leicht, denn wir hatten in dem Fall, wenn der Sack in der Mitte lag, nur die Handbremse zum Bremsen. Diese durften wir auch nur vorsichtig einsetzen, da sie direkt auf dem Fahrradmantel bremste und bei zu kräftigem Drücken das Rad sofort stillstand. Dann machte das Rad bei zu schneller Fahrt unweigerlich einen Salto. Das führte dazu, dass wir vorsichtig bremsten und doch jedes Mal schneller fuhren, als wir wollten. Da der Weg eine Kurve machte, konnten wir nicht sehen, was unten am Berg passierte. So konnten wir auch nicht sehen, ob unten die Schranken geschlossen waren und gerade ein Zug kam. Obwohl wir all diese Gefahren missachteten, passierte zum Glück nie etwas, so dass unser Leichtsinn nie große Folgen hatte, bis auf das eine Mal. Ulla kam mit Erika L. vom Kartoffelnstoppeln und Ulla fuhr vorweg. Erika hörte den Zug kommen und schrie ihr hinterher: „Ulla pass auf!" Ulla musste es gehört haben, versuchte noch zu bremsen, doch dafür war sie zu schnell. Kurz vor den Schranken riss sie den Lenker herum und stürzte mit

Fahrrad und dem Sack darauf auf dem sandigen Fahrradweg. Die Knie waren aufgeschürft und bluteten leicht, aber zum Glück war nicht mehr passiert.

An einem Wochenende erwischten wir eine Reihe, die der Bauer übersehen hatte. Wir hackten still und unauffällig die Kartoffeln aus der Erde, immer hoffend, dass die anderen Kartoffelstoppler nicht sahen, auf welche „Goldader" wir gestoßen waren. Mit den vollen Säcken bis nach Hause zu fahren, wäre zu weit und zu zeitaufwendig gewesen. Auch befürchteten wir, dass mit der Zeit auch andere Stoppler die Reihe entdecken würden. Also mussten wir auf dem kürzesten Weg die Kartoffeln irgendwohin bringen. Zum Glück wohnte Papas Arbeitskollege ganz in der Nähe. Hierhin brachten wir dann auch die vollen Säcke. Während drei von uns stoppelten, fuhren die anderen ständig die Säcke zu dem Arbeitskollegen. In diesem Winter hatten wir reichlich an Kartoffeln.

In jedem Winter mussten wir mindestens 18 Zentner Kartoffeln stoppeln, denn so viele brauchten wir allein für die Mahlzeiten. Die kleinen und angeschlagenen Kartoffeln zählten nicht hierzu, denn die bekamen die Schweine. Dennoch hatten wir jedes Jahr meist so viele Kartoffeln, dass wir auch noch einige Zentner verkaufen und die Schweine über einen längeren Zeitraum mit den aussortierten Kartoffeln füttern konnten.

Unser Obsthandel

Außer mit Kartoffeln handelten wir auch mit Obst.

Kam der Herbst, gingen wir Kinder gleich nach der Schule bei Wind und Wetter mit einem Ziehwagen, einem zweirädrigen Handwagen, in die Obsthöfe, um Fallobst zu sammeln.

Das heißt, wir lasen die Äpfel auf, die heruntergefallen waren. Uns war es egal, welche Apfelsorte es war, Hauptsache war, der Apfel war nicht angefault.

Während der ersten Hälfte des Weges den Handwagen zu ziehen, ging noch relativ leicht. Doch je voller er wurde, desto mühsamer wurde das Ziehen, zumal der Weg weder gepflastert noch geteert war. Deshalb mussten wir auf der Rücktour den letzten Teil des Weges zu dritt ziehen.

Bei schönem Wetter machte uns das Äpfelsammeln relativ wenig aus. War jedoch schlechtes Wetter mit Regen und Wind, gingen wir nur ungern. Wir hatten ja keine Regenkleidung. Hierfür fehlte das Geld. Auch Gummistiefel kannten wir nicht, sondern mussten in unseren Halbschuhen durch das nasse Gras gehen. So dauerte es nicht lange, bis wir völlig durchnässt durch den Obsthof trotteten in dem Bestreben, den

Handwagen so schnell wie möglich zu beladen, und schnell wieder nach Hause zu kommen. Dort zogen wir erst einmal die nasse Kleidung aus und wärmten uns am Küchenherd, in dem zu dieser Zeit Feuer war, weil Mutti das Abendessen zubereitete.

All die gesammelten Äpfel verkauften wir an die nahegelegene Mosterei. Jeden Herbst sammelten wir so viele Äpfel, dass wir von der Mosterei hierfür nicht nur über 70 Flaschen Apfelsaft erhielten, sondern auch noch zusätzliche 15 bis 20 DM für jedes Kind. Den Apfelsaft tranken alle Familienmitglieder gerne. Leider reichte er nicht ganz bis zum nächsten Herbst. Mit dem Geld aber gingen wir gemeinsam mit Mutti in das Schuhgeschäft Salamander in Steinkirchen. Dort suchte sie passende Schuhe für uns aus. Die alten waren inzwischen zu klein geworden, sie waren ja schließlich ein Jahr alt. Wir wuchsen einfach zu schnell. Damit die neuen Schuhe auch mindestens ein Jahr hielten, wurden sie gleich ein paar Nummern größer gekauft. Der Hohlraum zwischen Zeh und Schuhspitze wurde einfach mit Zeitungspapier ausgestopft. Während das eine Kind Schuhe anprobierte, lasen die anderen mit Eifer in den neuen Salamanderheften, mit Lurchi als Hauptperson.

Soweit ich mich erinnern kann, ging Papa bereits in den Nachkriegsjahren regelmäßig im Herbst zum Äpfel „knökern." Mit einer langen Stange, an deren Spitze ein

Auffangbeutel angebracht war, dessen oberes Ende ein in Wellen gelegter Draht umsäumte, pflückte er die letzten Äpfel ab, die nach der Ernte noch am Baum hingen. Die Drahtwellen dienten dazu, mit diesen den Apfel vom Ast abzuziehen, dann fiel er in den Beutel. Ich weiß, es waren immer so viele Äpfel, die er knökerte, dass er den Obsthändler bestellen musste, der uns die Kisten mit Äpfeln abkaufte, die er in den Keller gestellt hatte. Dennoch blieben für uns noch genügend Äpfel über.

Das Knökern behielt er auch in den Folgejahren bei. Als ich sechs war, durfte oder musste ich auch mit zum Knökern. Jeden Sonntag, der Samstag war noch regulärer Arbeitstag, zogen wir mit Papa durch die abgeernteten Obsthöfe. Bereits früh am Morgen machten wir uns auf den Weg. Wir gingen von einem Obsthof zum nächsten. Wir Kinder zogen den Handwagen und Papa knökerte die restlichen Äpfel aus den hohen Bäumen. So ging es Sonntag für Sonntag, bis der Frost zu stark wurde oder es zu stark schneite und die Äpfel verfroren waren. Oft kamen wir erst spät nachmittags nach Hause. Die Schuhe waren durchnässt von dem nassen hohen Gras, die Zehen nicht mehr zu fühlen, weil sie fast erfroren waren. Das gleiche galt für die Hände. Am Schlimmsten war es, wenn es kalt war und sich dem Regen weiße Schneeflocken beimischten.

Unsere gestrickten Handschuhe waren dann sehr schnell durchnässt und die Kälte zog in die Finger. Irgendwann war die Kälte so in die Finger gezogen, dass sie nur noch schmerzten und nicht mehr warm zu bekommen waren. An Aufhören dachte aber niemand. Als wir dann endlich nach getaner Arbeit zu Hause ankamen, zogen wir schnell die nasse Kleidung aus, setzten uns vor die beheizte Küchenhexe und legten die Beine auf die offene Backofenklappe. Damit die Füße schnell warm wurden, schoben wir die Beine fast in den Backofen hinein. Auch die Hände versuchten wir gleichzeitig so dicht wie möglich an den heißen Herd zu halten. Zuerst fühlten wir die Wärme an den Füßen, doch dann kam mit eintretender Blutzirkulation der Schmerz in den Zehen und den Fingern. Wir mussten die Zähne zusammenbeißen, um nicht vor Schmerzen zu schreien. Als die Schmerzen abklangen, kam endlich auch die wohlige Wärme wieder zurück, und alles Leid und die Plackerei des Tages waren vergessen. Lediglich die Äpfel mussten noch nach Sorten in die Kisten sortiert werden, da sie ja größtenteils verkauft werden sollten. Währenddessen hatten wir Äpfel in den heißen Backofen getan, die, nachdem die Arbeit endgültig getan war, schöne goldbraune Bratäpfel waren. Diese haben wir dann mit der von Mutti vorbereiteten warmen Vanillesoße übergossen und mit Genuss verzehrt.

Einmal, mein Bruder und ich waren nach der Schule mal wieder beim Aufsammeln von heruntergefallenen Äpfeln, entdeckte ich in einem Graben, und zwar dort wo die Durchgangsrohre unter dem Weg zum nächsten Graben enden, eine Hängeklappfalle aus Eisen. Oh, dachte ich, die könnten wir ja gut gebrauchen bei den vielen Ratten, die wir im Stall hatten. Also gingen wir von Graben zu Graben und sammelten einige dieser Fallen ein. Freudestrahlend zeigten wir diese am Abend Papa. Doch unser Eifer und unser Stolz wurde sehr schnell durch ein heftiges Donnerwetter getrübt, das über uns hereinbrach. „Mit den Fallen könne er nichts anfangen", schrie er. „Mit denen werden Bisamratten gefangen, Ratten kann man damit nicht fangen. Bisamratten verursachen erhebliche Schäden an den Gräben und sie müssten weggefangen werden, deshalb bekommt der Bisamfänger auch für jede Ratte, die er fängt 5,- DM!" Und so weiter, und so weiter. Natürlich erhielten wir, wie immer in solchen Fällen wenn Papa sehr zornig auf uns war, und das war schnell der Fall, die üblichen Schläge.

Am nächsten Sonntag, als wir mit Papa zum Knökern unterwegs waren, trafen wir den Fallensteller. Er klagte uns sein Leid über die gestohlenen Fallen, und jammerte über seinen Verlust den er jetzt hatte, sowohl an Fallen, als auch an Verdienstausfall. Wie musste er sich gefreut haben, als er beim nächsten Mal seine Fallen in den Gräben wiederfand, die wir noch am gleichen Tag heimlich zurücktaten.

Unsere ergänzenden Möglichkeiten der Versorgung

Aber nicht allein Kartoffeln und Äpfel mussten wir sammeln, sondern auch Heidelbeeren, Steckrüben, Flaschen und Eicheln, Holz zum Verbrennen, Flaschen, Eisen und Schrott zum Verkaufen. Alles taten wir meist freiwillig, an Klagen konnte ich mich nicht erinnern. Für uns war es selbstverständlich, zum Wohlergehen der Familie mit beizutragen.

Aufbewahrung von Nahrung in Gläsern war ebenso selbstverständlich, wie die andere, uralte Form der Aufbewahrung zu nutzen, das Holzfass. So wurden dann Gurken und Heringe, die Mutti von irgendwo herbekam, zu Salzgurken, oder Heringe zu Rollmöpsen.

Die Heidelbeeren, oder Bickbeeren wie wir sie nannten, holten wir aus dem Wald auf dem Geestland. Dort mussten wir nicht nur auf Zecken aufpassen, sondern auch auf Schlangen. Meine Eltern hatten uns viele aufregende Geschichten über Kreuzottern in Ostpreußen erzählt und uns mit der Aussage, ein Kreuzotterbiss wäre tödlich, Angst gemacht. Die Angst, die wir dann beim

Pflücken der Bickbeeren hatten, ist auf diesem Hintergrund sicherlich nachvollziehbar. Unsere Eltern hatten uns weiter erzählt, dass Schlangen die Geräusche über den Boden wahrnehmen und sich bei Geräuschen schnell verkriechen würden. Und so gingen wir während des Bickbeerpflückens laut trampelnd durch das Gebüsch. Bis auf eine einzige Kreuzotter, die einmal auf dem Weg lag, sahen wir auch keine weiteren Schlangen. Wir waren sicher, dass das auf unser lautes Getrampel zurückzuführen war.

Kamen wir im Herbst an einem Feld mit Steckrüben vorbei, dann wurden schnell ein paar Rüben herausgerissen und in einen mitgebrachten Sack gesteckt. Zu Hause gab es dann am nächsten Tag schmackhafte Steckrübensuppe mit Kartoffeln. Auch roh schmeckten sie mit dem ihnen eigenen besonderen Rübengeschmack hervorragend.

Hatten wir zu viele Steckrüben, wurde ein Teil an die Schweine verfüttert und ein Teil zu Sirup verkocht, den wir als Brotaufstrich nahmen. Die Blätter erhielten die Kaninchen zum Fressen. Wie unschwer zu erkennen, war die Steckrübe ebenso wie die Kartoffel ein vielseitig einsetzbares Grundnahrungsmittel für uns.

Jeden Abend zog einer von uns mit Papa los, Kaninchenfutter zu holen. Mit der Sense mähte er den

Grasstreifen neben der Straße ab, wir stopften das gemähte Gras in den Sack und ab ging es nach Hause.

Wenn im Sommer die Pferdefuhrwerke oder kleinen Trecker mit ihren Anhängern das frisch gemachte lose Heu von der Wiese holten, Pressmaschinen gab es noch nicht, liefen wir hinter dem Anhänger her und zupften unbemerkt so viel Heu herunter, wie wir konnten. Dieses sammelten wir auf und verwendeten es als Unterstreu für die Kaninchen. Noch heute bin ich begeistert, wenn ich frisches Heu rieche, dann ziehe ich den Duft tief in mich hinein.

Leere Flaschen waren für uns bares Geld, das auf der Straße lag. Wir sammelten sie am Wegesrand und am Ufer der Lühe. Dann wuschen wir sie, weil wir sie nur sauber verkaufen konnten. Zwar erhielten wir nur wenige Pfennige pro Flasche, aber für uns waren Pfennige viel Geld und außerdem sammelten wir viele Flaschen, so dass letztendlich doch eine hübsche Summe zusammenkam. Noch heute ärgert sich Ingrid darüber, dass sie immer die Flaschen spülen musste, während Ulla sie zum Verkauf brachte und sich auf dem Rückweg Bonbons kaufte und Ingrid, die die Arbeit des Spülens hatte, keine abgab.

Im Herbst fuhren wir mit dem Rad in den Wald bei Dollern. Dort sammelten wir säckeweise Eicheln, die

Papa auf dem Hausboden trocknete, und später klein hackte, um sie an seine Tauben und die Schweine zu verfüttern. Die Eicheln waren nicht nur Futter für die Tiere, sondern würden auch das Blut reinigen, so sagte er. Warum gerade das zum Beispiel bei den Tauben so wichtig sein sollte, erklärte er nicht. Allerdings fragten wir auch nicht nach. Ich dachte immer, dann würden sie schneller fliegen.

Als ich acht und Willi sechs Jahre alt war, war es für uns auch selbstverständlich, vor dem Winter das Holz zu sägen, das Papa von der Baustelle mitgebracht hatte, oder das wir alle gemeinsam an der Elbe oder Lühe gesammelt hatten. Das Holz, lange Kanthölzer oder schwere Bohlen, legten wir auf einen Holzbock, nahmen die Kerbsäge in die Hand und begannen zu sägen. Kerbsägen sind lange, ein bis zwei Meter lange Sägen, mit einem massiven Sägeblatt, das in der Mitte einen Bauch hat. An beiden Seiten der Säge war je ein Holzgriff zum Ziehen. Kerbsägen sind Zugsägen. Mein Bruder zog auf seiner Seite bis der Griff meiner Seite beim Holz war, und dann zog ich. So sägten wir oft Nachmittage lang. Anschließend spalteten wir das Holz und schichteten es im Stall auf.

Zum Entfachen des Feuers im Ofen nahmen wir natürlich Papier, wenn wir es hatten. Eine Tageszeitung kauften wir nicht, das wäre bei dem ohnehin knappen Geld

Verschwendung gewesen, aber Papa brachte oft von der Arbeit eine Zeitung mit, natürlich die Bildzeitung. Als Alternative zu Papier holten wir vom Tischler säckeweise Sägespäne, die wir kostenlos bekamen. Die Sägespäne kamen zuerst in den Ofen, dann legten wir Holz darauf. Hatten wir Kohlen oder Briketts, dann schütteten wir davon zusätzlich noch etwas oben auf und zündeten das Ganze an. Zuerst brannte die Sägespäne an einer Stelle, dann fing das ganze an zu qualmen und plötzlich gab es eine Verpuffung im Ofen und die Sägespäne brannte im Ganzen.

Eine weitere Möglichkeit, das Feuer schnell zu entfachen, waren Zischkes, das heißt Kiefernzapfen, aber auch mit Tannenzapfen ging es gut. Die Zapfen sammelten wir säckeweise im Wald und trockneten sie in einem leeren Schweineabteil. Nur trocken brannten die Zapfen schnell. Die Zischkes legten wir auf etwas Sägespäne oder auf ein bisschen Papier, das wir anzündeten. Brannte erst einmal die Sägespäne oder das Papier, fingen die Zischkes auch sehr schnell Feuer und entwickelten eine kräftige Flamme. Das Harz in den Zapfen brannte mit immer neuen kleinen Stichflammen knisternd und zischend. Wegen des zischenden Brennens war wohl der Name Zischkes in Ostpreußen entstanden. Die Tannenzapfen waren aber auch gut zum Heizen, da sie deutlich länger als Papier und Sägespäne brannten und auch erheblich Wärme entwickelten. Wenn sie so im Ofen brannten, sich die Wärme langsam im Raum ausdehnte, und es im Ofen knisterte und knackte, dann verbreitete sich schnell eine wohlige, gemütliche Atmosphäre im Raum.

Zum Heizen sammelten wir auch Baumrinden, sogenannte Borke von umgestürzten oder gefällten Bäumen. So fuhren Ingrid und die Nachbartochter Hildegard L. häufig in den Wald hinter Dollern, Rüstchen, und sammelten dort Borke. Damit beluden sie ihre Fahrräder, einen Sack Borke auf den Gepäckträger und einen Sack zwischen den Einstieg. Auch sie hatten wenig Lust, den weiten Weg bis nach Hause die Fahrräder zu schieben. Sie nutzten jede Möglichkeit, wenn es hügelabwärts ging, sich auf das Fahrrad zu setzen, und abwärts zu rollen. In Dollern den Berg hinunterzurollen brachte besonderen Spaß, war es hinunter doch eine längere Strecke, und die Fahrt war auch sehr schnell. Bevor es abwärts ging, setzten sie sich auf das Fahrrad, stellten die Füße auf den in der Mitte des Fahrrads liegenden Sack und ab ging die Fahrt. Die restlichen Kilometer bis nach Hause mussten sie allerdings schieben.

Unsere Kinderspiele

Trotz der vielen aufgezählten Tätigkeiten, die wir Kinder verrichteten oder verrichten mussten, blieb immer noch genügend Zeit zum Spielen. Das taten wir ausgiebig auf dem Hof. Nach der Schule und nach den Schularbeiten trafen wir Kinder uns auf dem Hof. Rechts vom Haus spielten wir meist Fußball oder Völkerball, sehr zum Ärger des Nachbarn. Er ärgerte sich regelmäßig über den Lärm, den wir machten. Und da der Abstand von unserem Haus zu seinem Gartenzaun nicht sehr groß war, flog natürlich so mancher Ball über den Zaun. Ihm war es ein Dorn im Auge, da wir deshalb laufend da rüber kletterten oder von der Straße auf seinen Hof liefen, um den hinübergeflogenen Ball zu holen. Irgendwann begann er, uns die Bälle wegzunehmen, die auf seine Seite fielen. Um weiterspielen zu können, mussten wir deshalb besonders schnell sein, damit er nicht mitbekam, dass wir nicht mehr spielten, weil der Ball bei ihm auf dem Grundstück lag. Aber leider kamen wir auch manchmal zu spät. Dann hatten wir keinen Ball mehr zum Spielen. Doch wir Kinder waren erfinderisch. Von Mutti nahmen wir eine alte, ausgediente Strumpfhose, stopften sie mit alten Tüchern und Lappen voll und schon hatten wir einen neuen Ball und konnten weiterspielen. Auch die bereits erwähnte, getrocknete Schweinsblase diente als Fußballersatz, jedenfalls solange sie hielt oder nicht vom Nachbarn konfisziert wurde.

Fangen und Versteckspielen waren natürlich mit unsere Lieblingsspiele, zumal das Haus und der Hof mit ihren zahlreichen Möglichkeiten sich hervorragend zum Verstecken eigneten. Da waren der Boden, die Waschküche, und draußen auf dem Hof die Bäume, das Plumpsklo, der Stall und noch weitere Möglichkeiten, die sich besonders eigneten. Und da das Gelände so weitläufig war, hieß es selbst dann noch nicht, dass man verloren hatte, wenn man entdeckt war, sondern dann kam es auf die Geschwindigkeit an, mit der wir laufen konnten. Denn auch derjenige, der suchte, musste erst einmal den langen Weg zum Mal zurücklegen und oft war der Gesuchte schneller und konnte sich freischlagen.

Ein beliebtes Versteck war hinter dem Holzschuppen und dem Schweinestall. Zwischen Graben und Stall war es nur ein schmaler Pfad. Er war zudem noch rutschig, weil es Lehmboden war. Dorthin wagten sich die Mädchen nicht so gerne, weil sie Angst hatten, auszurutschen und in den Graben zu fallen. Hinzu kam, dass hinterm Schweinestall Johannisbeer- und Stachelbeerbüsche standen, die im Sommer immer leckere Früchte trugen. Deshalb war dieser Platz, auch weil er nicht einsehbar war, für uns ein beliebter Versteck- und Aufenthaltsort.

Jäger und Hase spielten wir ebenfalls oft. Statt eines Gewehres hatte der Jäger einen Ball und versuchte damit den Hasen zu treffen, also zu erlegen. Gelang das, nahm er den Hasen fest. Eigentlich hätte dann die Jagd aus, und das Spiel vorbei sein müssen, doch unter uns Kindern waren auch einige ältere, die in ihrer körperlichen Entwicklung schon weiter waren als wir. Somit blieb es nicht aus, dass bereits eine gewisse Neugierde auf das andere Geschlecht bestand. Deshalb nahm der Jäger den festgenommenen Hasen erst einmal mit zum Toilettenhäuschen. Dort musste der Hase die Hosen herunterlassen, damit der Jäger beurteilen konnte, ob er einen männlichen oder einen weiblichen Hasen erledigt hatte.

Kippel und Kappel spielten wir eher selten. Leider weiß Ich heute nicht mehr, wer uns in die Spielweise von Kippel und Kappel einweihte. Soweit ich mich erinnere, waren es die Nachbarkinder, deren Vater damals in Hamburg arbeitete, wo er das Spiel gesehen hatte. Meines Wissens war es damals in Hamburg ein beliebtes Spiel, wir im Alten Land dagegen kannten es bis dahin überhaupt nicht, und als gutes Spiel setzte es sich bei uns auch nicht durch.

Kippel war ein runder ca. 10 Zentimeter langer Stab, der an beiden Seiten angespitzt war. Dieser wurde von einem Mitspieler der einen Gruppe über eine Rille im Boden gelegt und mit dem Kappel, einen bis zu einem Meter langen Stock so weit wie möglich weggehebelt. Die Mitspieler versuchten den Kippel zu fangen, was Punkte gab. Lag der Kippel auf dem Boden, so konnte einer aus der gegnerischen Manschaft mit dem Kappel versuchen, den Kippel zurückzuschlagen. Das ging folgendermaßen. Der Spieler schlug mit dem Kappel auf das angespitzte Ende des Kippel, sprang der Kippel hoch, versuchte der Spieler mit dem Kappel den Kippel in der Luft zu treffen und zurückzuschlagen. Das Spiel hatte eine gewisse Ähnlichkeit mit dem Schlagballspiel. Aber so interessant, dass wir dieses dauernd spielen wollten, fanden wir es nicht. Wir hatten ja viele andere Möglichkeiten, uns auszutoben, wie Fußballspielen, Versteckspiel, Seilspringen, Völkerball, Fangen und Hinke Pinke, das die Mädchen gerne spielten. Sie malten in unterschiedlicher Anordnung Vierecke auf den Boden und die Mädchen hinkten von einem Viereck zum nächsten. In all diesen Spielen waren wir ständig in Bewegung. Kippel Kappel dagegen war zum Beispiel gegenüber Fußballspielen ein eher statisches Spiel. Deshalb geriet Kippel Kappel für uns schnell wieder in Vergessenheit.

Als wir in die Schule kamen, war die Blütezeit des Murmelspielens, auch bekannt als Marmel. Murmeln sind kleine gebrannte Tonkugeln in unterschiedlichsten Farben. Je bunter sie waren, desto begehrter waren sie. Murmel spielten wir voller Hingabe. Bereits in der Schule verabredeten wir uns zum Spiel. Auf dem Heimweg von der Schule huschten wir noch schnell beim Kaufmann hinein, um zu sehen, ob er Marmeln in neuen Farben erhalten hatte. Als dann etwas später auch noch die in allen Farben leuchtenden Glaskugeln aufkamen, kannte die Begeisterung für das Marmelspielen keine Grenzen. Jeder wollte die schönsten Marmeln haben, um die voller Eifer und Ehrgeiz gespielt wurde. Ich glaube ich habe damals viel zu viel Geld für immer neue Marmeln ausgegeben. Ein Handeln, das aus heutiger Sicht völlig unverständlich ist. Doch der Ehrgeiz, im Spiel zu gewinnen und die schönsten Marmeln zu besitzen, war uns wohl schon in die Wiege gelegt worden und ließ uns unvernünftig werden, und da die Marmeln für uns einen gewissen Wert darstellten, glaubten wir, je mehr Marmeln wir besaßen, je reicher waren wir.

Vor unserem Haus, unter den zwei Lindenbäumen, wurde mit dem Schuhabsatz ein Loch in den relativ festen Boden gedreht, der losgedrehte Boden rings um das Loch festgeklopft und in einem von den Mitspielern festgelegtem Abstand zum Loch eine Startlinie gezogen.

Dann konnte das Spiel beginnen. Ziel war es, zunächst die Kugeln von der Linie möglichst dicht an das Loch, oder wenn möglich, sogar in das Loch zu werfen. Dann mussten die außerhalb des Loches liegenden Marmeln mit einem Finger in das Loch geschubst werden. Je nach Abmachung gewann derjenige alle Marmeln im Loch, der entweder alle seine Marmeln zuerst, oder derjenige, der die letzte Marmel eingelocht hatte. Wir Kinder fühlten uns damals reich, wenn wir über einen großen Vorrat an Marmeln verfügten. Der Reichtum stieg in unseren Augen, je schöner die Murmeln waren und je mehr bunte Glaskugeln wir hatten.

Schützenfest in Steinkirchen

Einmal im Jahr fand das traditionelle Schützenfest in Steinkirchen statt. Schon Tage vorher deuteten die mit Girlanden geschmückten Straßen auf das bevorstehende Fest hin. Die Anwohner in Steinkirchen waren in fiebriger Vorbereitung des Festes. Waren doch verschiedene Nebenveranstaltungen zusätzlich zum Umzug vorzubereiten und zu planen. Endlich am Sonntag fand der große Festumzug statt. Die Schützengarde in Paradeuniform marschierte, angeführt vom Fahnenträger und begleitet vom Trommler- und Pfeiferchor, im Gleichschritt durch Steinkirchen. Viele

Schaulustige säumten die Straße, war es doch zu der Zeit das größte festliche und gesellschaftliche Ereignis in dem Dorf, und alle wollten daran teilhaben.

Für uns Kinder war der Umzug zwar interessant, doch noch mehr interessierten uns die Wettkämpfe und Spiele, die für die Kinder auf dem Gelände der Steinkirchener Schule veranstaltet wurden. Das Interesse an diesen Spielen war deshalb so groß, weil hier etwas zu gewinnen war. Natürlich nahmen wir mit dem uns angeborenen, überaus großen Ehrgeiz teil, und wir gewannen auch regelmäßig. Es waren Spiele wie: Nagel in einen Holzklotz einschlagen. Für uns wirklich ein Kinderspiel, mussten wir doch zu Hause ständig handwerklich arbeiten. Oder Wettessen. Aufgabe war es, ein Brötchen so schnell wie möglich zu essen, derjenige, der sein Brötchen als erster aufgegessen hatte, war der Sieger. Auch hier hatten andere Kinder keine Chance. Wir waren es gewohnt, schnell zu essen. Mussten wir doch zu Hause bei den Mahlzeiten mit all den Geschwistern, die bei Mittagstisch oder Abendbrot zugriffen, schon sehr schnell sein, um stets das Meiste und Beste zu erwischen, und um satt zu werden. Übriglassen durften wir bei Tisch nichts, es musste immer alles aufgegessen werden. Der Grund dafür war einfach. Papa und Mutti duldeten einfach nicht, dass Nahrung verschwendet wurde. Hatten sie doch während des Krieges, auf der Flucht und in den ersten Nachkriegsjahren so viel entbehren müssen, dass sie oft nicht wussten, wann und wie sie ihren Hunger stillen sollten. Sie hatten erlebt, wie sich die Menschen gegenseitig das bisschen an Nahrungsmitteln heimlich wegnahmen, nur damit sie selbst nicht verhungerten. Somit hatten diese Kriegs- und Nachkriegsjahre eine prägende Wirkung auf meine Eltern und auch auf mich. Für meine Eltern, die in diesen Jahren um die Nahrungsmittel hatten hart kämpfen müssen und dennoch oft hungerten, wäre es eine Todsünde gewesen, Essen stehen zu lassen. Noch heute habe ich Probleme mit dem Übriglassen. Selbst wenn ich satt bin, aber noch Reste auf dem Teller liegen, esse ich weiter, bis alles aufgegessen ist. Es ist wie ein innerer Zwang, nichts darf liegen bleiben!

Die Schulzeit

In Hohenfelde gab es keine Schule. Nur in Steinkirchen und in Mittelnkirchen gab es Volksschulen, wie sie damals hießen. Wir gingen in Mittelnkirchen zur Schule. Vor der Einschulung fand ein Einschulungstest statt, um festzustellen, ob das einzuschulende Kind geeignet und in der Lage war, die Anforderungen der Schule zu meistern. Leider wurde mir die Einschulung verweigert, obwohl ich bereits sechs Jahre alt war. Ich wurde ein Jahr zurückgestellt und kam erst mit sieben in die Schule. Der Grund für die Rückstellung war ein Sprachfehler, den ich hatte. Ich konnte Wörter, die mit „zw...", wie Zwetschge anfingen, nicht aussprechen, ich sagte vielmehr „Wetschge". Die Ablehnung traf mich tief. Fühlte ich mich doch bisher ebenbürtig mit anderen Kindern in meinem Alter, und nun sollte ich plötzlich schlechter sein. Das ärgerte mich maßlos und weckte meinen Ehrgeiz. Ich wollte zeigen, dass ich schulreif war! Deshalb übte ich ständig die Aussprache derartiger Wörter. Das Üben muss wohl so intensiv gewesen sein, dass es selbst Gleichaltrigen im Gedächtnis haften geblieben ist. So berichtete mir eine Nachbartochter, die ich fünfzehn Jahre später zufällig wieder traf, sie könne sich erinnern, dass ich unheimlich ehrgeizig war. Sie könne sich noch gut daran erinnern, wie ich wie ein „Geisteskranker" die Aussprache geübt hätte, damit ich den nächsten Aufnahmetest für die Schule bestünde.

So kam ich erst mit sieben in die Schule, mein Bruder ein Jahr später. Da es in der Schule nur drei Klassenräume und zwei Lehrer gab, unterrichtete ein Lehrer die Klassen 5 bis 8, der andere die Klassen 1 bis 4.

Die Schule, wie sie heute aussieht. Links von der Schule war der Schulhof.

Wie sonst auch üblich, begann für uns um 8.00 Uhr der Unterricht. Kam der Lehrer in die Klasse, mussten wir alle aufstehen. Nach dem „Guten Morgen Herr Ziemann", ging es gleich mit dem kleinen Einmaleins los. Der Lehrer stellte eine Rechenaufgabe. Wer zuerst das Ergebnis sagte, durfte sich setzen. Natürlich war es ein ständiger Wettkampf zwischen der 3. und 4. Klasse, doch auch in der zweiten Klasse gab es Schüler, die unheimlich fix im Rechnen waren. Nur die Erstklässler konnten nicht mithalten, sie wurden still beschäftigt. Damit sie aber nicht zu kurz kamen und auch unterrichtet wurden, ordnete der Lehrer oft einen

Schüler der vierten Klasse ab, mit den Erstklässlern Unterricht zu machen. Der bestand dann meist im Lesen, im Schreiben oder Rechnen. Damit das in Ruhe erfolgen konnte, ging der Schüler mit den Erstklässlern in den dritten Klassenraum. In der vierten Klasse wählte mich der Lehrer relativ häufig aus, die Erstklässler zu unterrichten. Das war eine Auszeichnung, und ich war stolz darauf, auch machte mir der Unterricht mit den Erstklässlern großen Spaß. Doch der Spaß endete als ich einmal die Vorbereitung für eine Klassenarbeit, ein Diktat, nicht mitbekommen hatte. Mein Bruder hatte mir nichts davon erzählt, und ich war stinksauer, weil ich im Diktat einen Fehler hatte und nur die Note zwei erhielt. Wütend ging ich zum Lehrer und teilte ihm mit, dass ich den Erstklässlern keinen Unterricht mehr geben werde.

Wenn unten auf der Straße der Melkwagen läutete, schickte der Lehrer einen Schüler mit einer Milchkanne nach unten, damit dieser die Milch für den Lehrer holte. Milchtüten gab es noch nicht, die Milch wurde noch ohne Verpackung beim Kaufmann oder Milchwagen verkauft. Jeder, der Milch haben wollte, musste ein Gefäß mitbringen.

Natürlich gab es noch körperliche Bestrafung, daran störte sich niemand. Es war einfach selbstverständlich und gehörte wie das Lernenmüssen zur Schule. Wenn der Lehrer durch die Klasse ging, hatte er stets den Rohrstock in der Hand. Oft bekamen wir Schüler Schläge mit dem Rohrstock. Neben den Schlägen mit dem Stock waren Ohrfeigen oder am Ohr ziehen beim Lehrer sehr beliebt. Der Lehrer, den wir hatten, war sehr streng und lange nicht so beliebt, wie derjenige, der die Klassen fünf bis acht unterrichtete. Wir bekamen Schläge, wenn wir störten oder unsere Hausaufgaben nicht gemacht hatten. Einmal gab er mir eine Ohrfeige, wie ich meinte, aus einem nichtigen Grund. Die Ohrfeige war zudem noch so heftig, dass ich den ganzen Tag Kopfschmerzen davon hatte. Als abends mein Vater fragte, was mit mir wäre, und ich ihm davon berichtete, setzte er sich sofort aufs Rad und fuhr zur Schule. Da die Lehrer auch in der Schule wohnten, war er sicher, den Lehrer dort auch am späten Abend anzutreffen. Mein Vater muss dem Lehrer wohl so zugesetzt und Schläge angedroht haben, dass er mich nie wieder geschlagen hat und bald darauf die Schule verließ.

Einige Klassenkameraden/innen aus der Volksschule im Jahre 1956. Rechts außen, letzte Reihe, mein Bruder Willi und in der Mitte der letzten Reihe ich. Zweite Reihe links außen Marlies W., die Tochter, die links von uns im Bauernhaus wohnte und von der ich die Klassenfotos habe.

Die gesamten Kinder des einen Klassenraumes, Schulklasse 1-4 mit dem neuen Lehrer. Mein Bruder Willi, letzte Reihe links außen, ich zweite Reihe links hinter dem Lehrer.

Unsere Eltern, Papa ganz besonders, waren in ihren Ansichten, was das Lernen und die Schule betraf, sehr, sehr streng. Kamen wir mit schlechten Noten nach Hause, gab es Schläge. Hatten wir unsere Schulaufgaben nicht gemacht, gab es Schläge. Mussten wir Nachsitzen, gab es ebenfalls Schläge, nach dem Grund wurde nicht gefragt. Sich vor der Schule drücken zu wollen, kam überhaupt nicht in Frage. Nur wenn wir wirklich krank waren und mit Fieber im Bett lagen, dann durften wir zu Hause bleiben. Um dem Druck und den Schlägen zu entgehen, blieb uns nur die Wahl, entweder unsere Missetaten zu verheimlichen, oder fleißig zu lernen und gute Noten zu schreiben.

In der Schule wurde gleich zu Beginn besonderer Wert auf Schönschreiben gelegt, etwas was meinem Bruder und mir überhaupt nicht lag. Ständig schimpfte der Lehrer über unsere Hausaufgaben, weil sie ihm nicht sauber und schön genug geschrieben waren. Als Strafe mussten wir oft in einem kleinen Zimmer „nachsitzen" und „Schönschreiben" üben. Damit es zu Hause aber nicht auffiel, dass einer von uns mal wieder nachsitzen musste, bummelte der andere auf dem Nachhauseweg so lange, bis derjenige, der nachsitzen musste, ihn eingeholt hatte, weil er nach dem Nachsitzen so schnell gelaufen war, wie er konnte. Da wir immer zur gleichen Zeit Schulschluss hatten, gelang es uns auf diese Weise jedes Mal, dass wir auch gleichzeitig zu Hause eintrafen. So fiel Mutti nicht auf, dass der Lehrer mal wieder mit uns unzufrieden war und wir nachsitzen mussten.

Einmal, es sollte Zeugnisse geben, kam Ulla nach dem Unterricht nicht nach Hause. Auch am Abend war sie noch nicht da. Wir suchten sie überall, doch sie blieb verschwunden. Dann endlich nach Stunden ergebnisloser Suche fanden wir sie bei Bekannten vier Kilometer von zu Hause entfernt. Ihr Zeugnis war nicht so gut ausgefallen und sie hatte berechtigterweise fürchterliche Angst vor Papa. Durch das Weglaufen wollte sie seinem Zorn und den Schlägen entgehen, leider half auch das nichts, ihre Schläge bekam sie trotzdem.

Wenn wir von der Schule nach Hause gingen, gingen wir immer auf dem Deich. Wir hatten Angst vor den großen Hunden, die die Bauern hielten, und die frei auf ihrem Hof unten an der Straße herumliefen. Gleich zwei Bauernhöfe hatten zwei große, kräftige schwarz-braune Hunde, eine Art Bulldoggen, die wir angst- und ehrfurchtsvoll Bullenbeißer nannten. Da, wie wir hörten, sie schon einige Personen angefallen hatten, und sie uns von unten vom Hof immer so grimmig ansahen, wenn wir oben auf dem Deich entlanggingen, fanden wir unsere Angst berechtigt.

Eines Tages im Herbst, wir kamen von der Schule und gingen wie üblich oben auf dem Deich, wollten wir von einem Eierpflaumenbaum der unten an der Lühe stand noch ein paar Pflaumen naschen. Wir pflückten ein paar

Pflaumen vom Baum, da sah ich eine Wespe aus einem Erdloch krabbeln. Nicht ahnend, welche schlimmen Folgen das haben würde, sagte ich meinem Bruder, er solle seinen Fuß auf das Loch stellen. Dies tat er auch. Nach einer Weile schaffte es jedoch eine Wespe sich aus dem Erdloch zu quälen. Sofort ging sie zum Angriff über und attackierte meinen Bruder. Instinktiv zog dieser den Fuß vom Loch, doch das war ein Fehler! Sofort kamen die Wespen in Scharen aus dem Loch und stürzten sich auf uns. Uns blieb nur noch die Flucht. Wir liefen, so schnell wir konnten mit dem Tornister auf dem Rücken nach Hause. Die Wespen verfolgten uns fast einen Kilometer lang, sie saßen in den Haaren, auf der Kleidung, ja sogar auf den Schnürsenkeln. Sie stachen uns überall, und als sie endlich abließen, waren wir unheimlich erleichtert.

Im Winter lieferten wir uns oft Schneeballschlachten auf dem Schulhof. Dieser war asphaltiert und fiel vom Deich zur Lühe hin ab. Unten auf dem Hof stand ein großer Baum. Die Jungen aus den oberen Klassen stellten sich oben am Deich auf und bewarfen uns jüngere mit Schneebällen. Schnell waren mein Bruder und ich die einzigen jüngeren Schüler, die sich von unten aus verteidigten und mit ihren gezielten Würfen so manchen Schüler oben trafen. Da wir sportlich sehr gut waren, waren wir auch sehr wendig, und den großen Jungs fiel es schwer, uns zu treffen. Heutzutage wären derartige Schneeballschlachten verboten, sie sind einfach zu gefährlich und die Lehrer würden sofort einschreiten. Der oder die Schüler würden einen Verweis erhalten oder gar der Schule verwiesen werden. In der damaligen Zeit? Weit gefehlt, von einem Lehrer war nirgendwo etwas zu sehen. Wir hatten jedenfalls viel Spaß dabei und konnten uns in der frischen Luft richtig austoben.

Leider quälte uns der Lehrer nicht nur wegen unserer Handschrift in der Schule, sondern auch wegen unserer Stimme, zumindest was meinen Bruder und mich betraf. Die Ursache hierfür lag in einer Weihnachtsfeier in der Schule. Dort trat auch Mutti auf und sang mit ihrer glockenreinen Stimme wohltönend und ergreifend ein Weihnachtslied. Und weil die Lehrer glaubten, auch die Stimme würde vererbt, meinten sie, auch wir müssten eine solch schöne Stimme haben, doch weit gefehlt, sämtliche ihrer Versuche, aus uns Chorknaben zu machen, scheiterten kläglich. Ich war und bin völlig unmusikalisch. Und irgendwann hatte ich mich mit meinen Fünfen in Musik und Schönschreiben abgefunden.

Gegen Ende der vierten Klasse mussten wir uns entscheiden, ob wir auf die weiterführende Schule gehen wollten oder nicht. Für mich bestand die Möglichkeit, zur Oberschule nach Stade oder zur

Mittelschule nach Jork zu gehen. Stade war von Hohenfelde fast fünfzehn Kilometer entfernt, und man hätte mit dem Bus fahren müssen. Jork dagegen lag nur vier Kilometer entfernt, und dorthin konnte ich mit dem Rad fahren. Letztendlich gaben die Fahrzeiten und die zusätzlichen Buskosten den Ausschlag für die Schule in Jork. Um in die Mittelschule aufgenommen zu werden, mussten alle Schüler, die sich für diesen Schulzweig entschieden hatten, also auch ich, eine einwöchige Aufnahmeprüfung absolvieren. Während dieser Prüfungsphase hatte ich ein ungutes Gefühl. Ich meinte, die Mathematikarbeiten, aber auch die Diktate nicht bestanden zu haben. So glaubte ich am Ende der Woche, die Aufnahme nicht geschafft zu haben. Umso größer war die Freude, als es am letzten Prüfungstag hieß, ich sei angenommen. Von da an fuhr ich täglich mit dem Fahrrad nach Jork zur Mittelschule. Den Schulranzen hatte ich immer hinten auf das Rad geklemmt. Einmal sollten wir zum Werkunterricht Kleber mitbringen, weil wir irgendwelche ausgeschnittenen Zeichnungen aufkleben sollten. Kleber zu kaufen wäre aber zu teuer gewesen. Das Geld wollten wir sparen. Mutti hatte wie immer eine Lösung parat. Tapetenkleister würde es auch tun, davon hatten wir noch genug vom letzten Tapezieren. Gesagt, getan. Mutti gab mir ein Glas Tapetenkleister. Auf dem Hinweg zur Schule ging auch alles gut, doch auf dem Rückweg zerbrach das Glas im

Ranzen und der Inhalt ergoss sich in die Schulbücher. Zu Hause angekommen, traute ich meinen Augen nicht, als ich die Bescherung sah. Panik kam auf. Was, wenn wir die Bücher ersetzen müssten? So viel Geld hatten wir nicht. Mutti nahm die Bücher aus dem Ranzen und hielt sie unter den Wasserhahn. So spülte sie den Tapetenkleister aus den Büchern. Dann stellte sie die Bücher so hin, dass die Seiten beim Trocknen nicht zusammenklebten. Nach dem Trocknen sahen sie wieder einigermaßen aus. Zwar gab es noch einige Seiten, die zusammengeklebt waren, doch die konnten wir schließlich auch noch lösen. Zum Glück mussten wir bei Abgabe der Bücher nichts bezahlen.

In dem Jahr, in dem ich in Jork zur Schule ging, war unsere Klasse in einem anderen Haus, soweit ich mich erinnern kann in Turmzimmer außerhalb des eigentlichen Schulgeländes untergebracht. Durch einen Erweiterungsbau sollten alle Klassen an einem Standort zusammengeführt werden. Eines Tages, die Sohle für das neue Gebäude war schon zementiert, sollte die Grundsteinlegung erfolgen. Es war mitten im Sommer. Alle Schüler versammelten sich auf der Betonplatte. In Reih und Glied standen sie dort und lauschten aufmerksam den Festrednern. Vom Himmel brannte die Sonne erbarmungslos und heiß auf uns herunter. Die Reden dauerten und dauerten. Wir selbst, wohlerzogen wie wir waren, rührten uns nicht vom Fleck. Plötzlich klatschte es, als ob etwas umgefallen war. Um zu sehen, woher der Laut gekommen war, schaute ich mich suchend um. Es war ein Schüler, dem ohne vorherige Anzeichen schwindlig geworden war und der in voller Länge aus dem Stand und mit dem Gesicht zuerst auf den Beton geknallt war. Schon sackte der nächste Schüler zusammen, dann ein weiterer. Es dauerte nur Sekunden, bis hektische Aktivität in den Reihen der Lehrerschaft aufkam. Sie hatten die Ursachen für die Anfälle von Bewusstlosigkeit erkannt. Es war Hitzschlag. Sofort ordneten die Lehrer an, die Schüler mögen sich bewegen und falls ihnen schwarz vor Augen werden würde, sich sofort in den Schatten begeben.

Während der gesamten Zeit auf der Mittelschule wusste ich nicht genau, ob dies die richtige Schule für mich war. Mein angeborener Ehrgeiz verlangte nach mehr. Wie gesagt, war ich zwar froh, an der Mittelschule angenommen worden zu sein, doch in die Freude mischte sich sehr schnell Unzufriedenheit. Die Unzufriedenheit resultierte daraus, dass zwei Mädchen aus meiner Volksschulklasse die Aufnahmeprüfung zur Oberschule in Stade erfolgreich bestanden hatten und nun dort zur Schule gingen. Dabei hatten sie immer schlechtere Noten gehabt als ich. Diese Tatsache nagte an meinem Stolz und weckte meinen Ehrgeiz. Das gesamte Jahr in der Mittelschule haderte ich mit der Entscheidung, ob ich auch zur Oberschule gehen sollte oder nicht. Der Entscheidungsprozess fand ein Ende, als Papa verstärkt nach einem Grundstück im Umland von Hamburg suchte, um ein eigenes Heim für die Familie zu schaffen, und um näher an Hamburg, seinem Arbeitsplatz zu sein. Als feststand, dass wir nach Wedel umziehen würden, obsiegte mein Ehrgeiz und die Entscheidung war für mich gefallen. Ich wollte zum Gymnasium.

Ich teilte meinen Eltern meinen Wunsch mit. Sie unterstützten mein Vorhaben sofort. Wir vereinbarten, dass ich nach dem ersten Jahr auf der Mittelschule auf das Ludwig-Meyn-Gymnasium in Uetersen gehen sollte. Und so meldeten sie mich dort zur Aufnahmeprüfung an. In der Prüfung wurde ich zum ersten Mal mit dem föderalistischen System der Bundesrepublik Deutschlands konfrontiert. Die Lehrpläne in Niedersachsen waren nicht identisch mit denen in Schleswig-Holstein. Für mich bedeutete das, dass ich sowohl in Mathematik als auch in Englisch einen Großteil der Aufgaben nicht lösen konnte. So wurde ich zwar angenommen, musste aber in der ersten Klasse, der Sexta, anfangen. Das ärgerte mich zwar, aber letztendlich war ich froh, doch noch auf das Gymnasium gehen zu dürfen.

Als dann der Unterricht in der neuen Schule begann, waren wir noch nicht umgezogen. Für mich hieß das sehr früh aufstehen, wollte ich rechtzeitig in der Schule sein. Zunächst musste ich mit dem Fahrrad die vier Kilometer zur Lühe-Schulau-Fähre fahren. Von dort ging es mit der Fähre weiter nach Wedel. Ab Wedel fuhr ich mit dem Schulbus die 15 Kilometer weiter nach Uetersen. Pünktlich um acht Uhr morgens war ich dann in der Schule. Alles in allem eine Fahrtzeit von fast zwei Stunden. All das nahm ich klaglos in Kauf, nur um auf das Gymnasium gehen zu dürfen. Die Rückfahrt verlief ähnlich zeitaufwendig und ich war, je nach Anschluss bei der Fähre, oft erst zwischen vier und fünf Uhr zu Hause.

Weihnachten

Weihnachten, war auch für unsere Familie ein ruhiges, friedvolles Fest. Vor dem Heiligabend räumte Mutti noch einmal die Wohnung auf, putzte und säuberte alles. Dann bohnerte sie den Fußboden. Natürlich mussten wir an so einem bedeutenden Tag baden. Nach dem Bad ging es erst einmal ins Bett. Wir sollten ja ausgeschlafen sein, um am Abend länger aufbleiben zu dürfen. Danach hieß es, auf die Bescherung warten. Für uns bedeutete dies, raus aus der Wohnung. Die Wartezeit verbrachten wir dann auf dem Hinterhof, bis wir endlich gerufen wurden. Um die Zeit zu überbrücken, übten wir weiter das Gedichtaufsagen. Ein Gedicht war für jeden von uns Pflicht. Ohne Gedicht gab es keine Geschenke. Während der Wartezeit schmückten Mutti und Papa den Tannenbaum. Endlich, nach einer gefühlten Ewigkeit, durften wir erwartungsfroh die Wohnstube betreten. Dort stand regelmäßig ein wunderschön geschmückter Tannenbaum, an dem bunte Kugeln und selbst gebastelte Strohsterne hingen. Die Kerzen brannten und der über und über mit Lametta behängte Baum erstrahlte in Glanz und Glitzern.

Andächtig und mit großen, glänzenden Kinderaugen standen wir davor und bewunderten den Weihnachtsbaum. Nach kurzer Bewunderungszeit kam auch gleich die Frage, ob wir ein Gedicht könnten. Natürlich, antworteten wir. Hatten wir doch immer und immer wieder das Gedichtaufsagen geübt, schon alleine deshalb, um nicht vor Aufregung ins Stottern zu kommen. Ingrid, als die Älteste, war zuerst an der Reihe. Nach dem Aufsagen kamen die üblichen Fragen. Warst Du auch immer schön artig? Trotz vieler Streiche und Ungehorsams über das Jahr gesehen, sagten wir stets „ja". Wir wollten doch nicht riskieren, keine Geschenke zu erhalten. Und unsere Eltern glaubten uns, oder taten sie nur so? Jedenfalls erhielten wir nach dem Aufsagen unseres Gedichtes und unserer Bestätigung, dass wir immer artig waren, unsere Geschenke. Auch hier ging es nach dem Alter, erst Ingrid und zum Schluss Heike. Die Geschenke, die wir erhielten, waren in erster Linie Sachen zum Anziehen, wobei Mutti vieles selbst gestrickt oder gehäkelt hatte. Darunter waren Pullover, Mützen, Schals und auch Handschuhe. Mutti war so schnell im Stricken, dass sie manchmal an einem Tag einen Pullover strickte. Manchmal gab es aber auch Spielsachen. Das waren dann für uns besondere Höhepunkte. Ich kann mich an einen Baukasten erinnern, der aus diversen schmalen Leiterblechen, Schrauben und Rädchen bestand und mit dem ich Kräne, Türme usw. bauen konnte. Auch ein Brummkreisel war einmal dabei und ein kleines, zehn Zentimeter großes Motorrad aus Blech, das mit einem Schlüssel aufgezogen werden musste, und das wir dann durch die Stube rollen ließen.

Nachdem wir unsere Geschenke erhalten hatten, überreichten wir unseren Eltern und Geschwistern unsere Geschenke, die wir in der Regel vorher in tagelanger Arbeit erstellt hatten. Das waren in der Regel gemalte Bilder und Stichsägearbeiten.

Für jedes Kind stand auch ein „bunter Teller" unter dem Weihnachtsbaum. Es war ein Papierteller, mit Weihnachtsmotiven und sternförmig gezacktem Rand. Auf dem Teller lagen Nüsse,

Schokoladenweihnachtsmänner und andere Süßigkeiten. Natürlich hatte Mutti auch viele von den verschiedenen köstlichen Weihnachtskeksen auf den Teller gelegt, die sie in der Vorweihnachtszeit tagelang gebacken hatte. Auch die selbst gemachten Herzen, Schwäne und Brote aus Marzipan nach alter ostpreußischer Tradition durften nicht fehlen, hatten wir doch Tage vorher stundenlang die Mandeln hierfür gepellt und gemahlen.

Nach dem traditionellem Weihnachtsessen mit Bockwürstchen und Kartoffelsalat saßen wir in der warmen Stube und spielten Karten oder Mensch-Ärger-Dich-Nicht.

Einmal war ein besonderes Weihnachtsfest. Ulla hatte kurz vor Weihnachten zehn DM gefunden. Von ihrem Fund erzählte sie niemanden etwas. Für das Geld kaufte sie Weihnachtsgeschenke, jeder bekam etwas, und keiner ging leer aus! Für mich war es unendlich viel, was sie für das Geld gekauft hatte. Unter anderem hatte sie gekauft: ein Spitz-Pass-Auf-Spiel, Fische-Angeln, wobei man die Fische mit einem Magneten aus einer Box heraus angeln musste, ein Spiel mit verdrehten Haken oder Nägeln, die es zu entwirren galt, ein Flohspiel, ein Seidentuch, und noch viel mehr.

Waren das noch Zeiten, als man mit einem 10,- DM Schein so viel kaufen konnte. Allerdings verdienten die

Menschen auch viel, viel weniger als heute. Papa zum Beispiel erhielt 1950 1,30 Mark pro Stunde, so dass er am Samstag nach 48 Stunden harter Arbeit knapp über 60,- DM als Lohn erhielt.

Den Weihnachtsbaum hatte Papa natürlich „günstig" organisiert. Mal schlug er ihn ohne Erlaubnis im Wald, ein anderes Mal ging er mit Ingrid und Willi in den Wald wo der Förster Weihnachtsbäume verkaufte. Papa suchte nicht lange, sondern nahm den schlechtesten und mickrigsten Weihnachtsbaum, den er sehen konnte und ging damit zum Bezahlen. Ingrid und Wilfried protestierten, und fragten ihn, was das sollte, solch einen schlechten Weihnachtsbaum wollten sie nicht haben. Sie hatten sich schon auf einen herrlich gewachsenen Weihnachtsbaum gefreut. Papa sagte nur: Psst! Natürlich musste er nur sehr wenig bezahlen und bekam seinen Passierschein, der besagte, der Weihnachtsbaum war bezahlt. Daraufhin ging Papa zurück in den Wald, warf den Weihnachtsbaum weg und nahm den Baum, den er sich schon im Vorwege ausgeguckt hatte, eine herrliche, wunderschön und gleichmäßig gewachsene Tanne. Welch ein Glanz verbreitete sie anschließend in unserer bescheidenen Wohnung!

Rummelpott laufen

Kurz vor der Jahreswende war für uns Kinder die Möglichkeit gegeben, noch einmal an Süßigkeiten, Kekse oder auch etwas Geld heranzukommen. Traditionell nach ostpreußischer Sitte zogen die Kinder am letzten Tag des Jahres los, um den Nachbarn ein frohes neues Jahr zu wünschen. So gingen auch wir am Silvestermorgen von Haus zu Haus und sagten unseren Spruch auf: „Wie wünsch ju freilich niejoohr mit veer Mann sün vi door." Nach Aufsagen des Spruches gaben uns die Hausbesitzer als Dank für die guten Wünsche eine kleine Gabe. Mal einen Apfel, was wir als geizig empfanden, mal Kekse, mal Süßigkeiten oder manchmal auch ein paar Pfennige. Nach dem Rundgang wurde der „Schatz" gesichtet und gerecht auf alle verteilt.

Und noch einmal im Jahr sind wir im Dorf rund gegangen. Das war zum Muttertag. Mit unseren guten Wünschen verbanden wir die Bitte um Blumen, die wir dann unserer Mutter zum Muttertag schenken konnten. So hatten wir jedes Jahr einen wunderschönen Blumenstrauß für Mutti zum Muttertag.

Das Haus als Zuflucht

Wie erwähnt, fuhren auf der Straße nur wenige Autos und Lastwagen. Das was an Fahrzeugen unterwegs war, waren Motorräder und Pferdefuhrwerke. Hin und wieder kam es vor, dass eines der Pferde „durchging", also nicht mehr gehorchte. Dann galoppierte es donnernd mitsamt dem Pferdefuhrwerk die Straße entlang. Doch da es selten vorkam, bekamen wir beim ersten Mal als wir dies erlebten, einen Riesenschreck.

Eines Tages hörten wir von der Straße her Getöse und Geklapper, das die Straße heraufkam. Es hörte sich an, als ob Eisenräder über das Kopfsteinpflaster mit hoher Geschwindigkeit rollten. Auch war das Klappern von eisenbeschlagenen Hufen zu hören. Da es das erste Mal war, dass wir derartige Geräusche hörten, gingen wir neugierig zur Straße, um zu sehen, was da los war. Da sahen wir plötzlich zwei Pferde mitsamt Pferdefuhrwerk auf uns zugerast kommen. Der Kutscher versuchte schreiend, mit den Armen fuchtelnd und an den Zügeln reißend, die Pferde zum Stillstand zu bringen. Vergeblich, je mehr er zerrte, desto wilder wurden die Pferde. Blitzschnell erkannten wir, dass auch wir in Gefahr schwebten, weil die Pferde jederzeit von der Straße auf einen der Höfe rasen konnten. Ängstlich und voller Panik drehten wir uns um und sausten so schnell wir laufen konnten ins Haus, um Schutz zu suchen. Von da an liefen wir, wenn wir mal wieder wildes Hufgeklapper hörten, jedes Mal schnell ins Haus und brachten uns in Sicherheit. Unsere Neugier war von dem einen Mal ein für allemal gedeckt.

Aber es gab noch ein anderes Vorkommnis, das uns ängstlich ins Haus laufen ließ. Das war, wenn wir Zigeuner sahen, die bettelnd von Haus zu Haus zogen. Weshalb wir vor ihnen Angst hatten, weiß ich nicht mehr. Ich glaube, auch damals hätten wir es nicht richtig erklären können. Sicherlich kam es daher, dass unsere Eltern uns immer wieder erzählten, Zigeuner würden stehlen, man könne ihnen nicht über den Weg trauen und wir sollten uns vor ihnen in Acht nehmen.

Anziehungspunkt Wasser

Wenn man sich heute das trübe, schlammige Wasser der Lühe ansieht, kann man kaum glauben, dass früher die Kinder darin gebadet und schwimmen gelernt haben. In der Lühe herrscht Tide, das heißt, Niedrig- und Hochwasser wechseln in gleichmäßigen Intervallen. Während des Höchststandes ist für eine Stunde nahezu keine Strömung in dem Wasser vorhanden. Diese Zeit nutzten Kinder, um in Autoreifen in der Lühe zu schwimmen. Damals kam mir das Wasser sauber vor, es schimmerte dunkelblau. Und wenn das Wasser seinen

Höchststand erreicht hatte, und die Lühe still und blau vor mir lag, dann verbreitete sie eine friedvolle Atmosphäre, die ich stundenlang hätte genießen können. Oft stand ich dann zwischen Deich und Lühe unter einem großen Walnussbaum, der ein Stückchen weiter Richtung Steinkirchen hinterm Deich stand, und schaute zu, wie die Kinder vom jenseitigen Ufer fröhlich im Wasser planschten. Wir selbst badeten nie in der Lühe. Wir konnten nicht schwimmen, und auch unsere Eltern waren keine geübten Schwimmer, so dass ich das Schwimmen erst viele Jahre später erlernte.

Aber nicht nur in der Lühe wurde gebadet, sondern auch in der Elbe. Ein Stückchen weiter rechts von der Lühemündung gab es einen etwas größeren Strandbereich, dorthin fuhren wir bei schönem Wetter mit dem Fahrrad. Dann lagen wir in dem in meinen Kinderaugen weißen, sauberen Sandstrand und schauten den vorbeifahrenden Schiffen nach. Ab und zu gingen auch wir ins Wasser, doch nie sehr tief. Unsere Eltern hatten uns immer wieder vor den gefährlichen Strudeln in der Elbe gewarnt. Die Elbe wäre lebensgefährlich, sagten sie. Würden wir in einen der vielen Strudel geraten, würden wir ertrinken. Deshalb waren wir überaus vorsichtig und auch ängstlich und wagten uns nicht zu weit in das Elbwasser. Für die Elbe gab es kein Badeverbot, und auch Jahre später, als wir bereits in Wedel wohnten, existierte noch die offizielle Badeanstalt in Wedel-Schulau. Dort traf sich die Jugend nach der Schule zum Schwimmen und Toben. Erst einige Jahre später wurde, aufgrund der gravierenden Verschmutzung der Elbe, ein totales Badeverbot erlassen.

Der Einsatz von Chemie in der Obstwirtschaft und die Folgen

Mitte der fünfziger Jahre fingen die Bauern damit an, ihre Obstbäume mit E 605 zu spritzen, ein hochwirksames Gift. Damit bekämpften sie die Schädlinge der Obstbäume und des heranreifenden Obstes. Es war als offizielles Spritzmittel erlaubt. Nach Abschluss der Arbeit säuberten die Bauern den Kesselwagen, mit dem sie das Giftgemisch transportierten, in den Gräben, die entlang der Obsthöfe verliefen. Das tat auch der Bauer links von uns. Er säuberte seinen Tank mit dem restlichen Spritzgemisch an dem an unserem Hof angrenzenden Graben, also an dem Graben, aus dem wir immer so viele Fische gefangen hatten. Mit dem Säubern spülte der Bauer allerdings auch das restliche Giftgemisch aus dem Tank in den Graben. Dort verteilte es sich, mit ungeheuren Folgen. Als wir am nächsten Tag aus der Schule kamen und angeln wollten, stellten wir fest, dass überall tote Fische schwammen. Der Graben war übersät mit toten Fischen. Auch tote Frösche trieben an der Wasseroberfläche. Im Graben war alles Leben erloschen. Selbst dieser mehr als deutliche Hinweis auf die Gefährlichkeit des Insektizids E605 ließ die Bauern nicht auf dessen Einsatz verzichten, sie spritzten fleißig weiter. Die Folge war, dass alle Fische und sämtliches Kleingetier, also alle Lebewesen, in den Gewässern rund um die Obsthöfe auf Jahre hinaus vernichtet wurden.

Einige Monate nach dem Fischsterben und nach der Spritzzeit versuchten wir wieder Fische in dem Graben anzusiedeln. Wir wussten, dass in einem direkten Seitengraben der Lühe viele Stichlinge waren. Die wollten wir als erste wieder in unserem Graben ansiedeln. Wir nahmen uns einen Stock, banden an der Spitze einen Zwirnsfaden an und knoteten an diesen eine dicke Mette, einen Tauwurm. Damit gingen wir los, Stichlinge zu fangen. Damit die Schnur im Wasser auch absank, hatten wir am Ende des Zwirnfadens einen Knopf befestigt. Die Mette hatten wir oberhalb des Knopfes angebunden. Am langen Stock hielten wir die Schnur im Wasser und wenn wir sahen, dass die Schnur seitlich wegdriftete, dann holten wir sie aus dem Wasser und lösten den Stichling vom Wurm, an dessen einem Ende er sich festgesaugt hatte. Auf diese Art fingen wir hunderte Stichlinge, ohne einen einzigen zu verletzen. All die gefangenen Stichlinge setzten wir in unseren Graben und hofften auf neues Leben. Im nächsten Frühjahr gingen wir immer wieder an das Wasser und hofften, Jungbrut entdecken zu können, doch leider vergeblich. Die Stichlinge hatten nicht überlebt. Erst einige Jahre später, die Bauern spülten und entleerten ihre Spritztanks nicht mehr in die Gräben, konnten wir tatsächlich wieder Stichlinge ansiedeln.

Warum Ulla Angst vor Hunden hatte

Der Bauer auf unserer rechten Seite hielt einen großen Hund, der frei auf dem Hof herumlief. Wir Kinder kannten den Hund. Er war nicht aggressiv und tat niemanden etwas. Auch kam er oft zu uns herüber, das hielten wir für selbstverständlich und niemand in unserem Haus nahm Anstoß daran. Einmal hatte der Hund, es war eine Hündin, Junge. Zusammen mit ihren Welpen war die Hündin zu uns auf den Hinterhof gekommen. Wir Kinder scharten uns um die Hündin und streichelten die süßen Welpen. Als auch Ulla hinzu kam, blieb sie außerhalb des Kinderkreises, etwas abseits von uns stehen. Sie fürchtete sich ein bisschen vor der Hündin. Die Hündin, die bis dahin das Streicheln ihrer Welpen durch uns problemlos toleriert hatte, sprang sofort auf Ulla zu, riss sie zu Boden und biss ihr ins Gesicht. Ulla schrie wie am Spieß. Mutti stürzte aus dem Haus und lief schreiend auf den Hund zu. Zum Glück ließ dieser von Ulla ab und Mutti nahm die vor Schmerzen, Angst und Panik schreiende und aus vielen Wunden blutende Ulla auf den Arm. Mit der so stark blutenden Ulla war es unmöglich, mit dem Fahrrad zum Arzt zu fahren. Der Bauer aber, dessen Hund es war, besaß ein Auto. Also lief Mutti dort hin und überredete ihn, sie zum Arzt zu fahren. Dort gab der Arzt Ulla nicht nur eine Spritze gegen Tetanus, sondern er nähte auch die verschiedenen Bisswunden im Gesicht. Zwar heilten diese mit der Zeit, doch zurück blieben einige Narben, die Ulla auch heute noch schmerzlich an die Begegnung mit der Hündin erinnern. Der Grund für die plötzliche Aggressivität des Hundes kann ich mir nur dadurch erklären, dass Hunde riechen, wenn Menschen Angst vor ihnen haben und sie dann erst recht beißen. Ob das stimmt, weiß ich nicht.

Papa verklagte den Bauern. Das löste natürlich einen Nachbarschaftsstreit aus. Der Bauer wollte nicht einsehen, dass er schuldhaft gehandelt hatte. Irgendwann gab es eine Einigung, Ulla erhielt eine geringe Summe als Schmerzensgeld. Von da an war das Verhältnis zu diesem Bauern endgültig zerstört.

Eiersuche auf fremde Kosten

Vor Ostern blies Mutti die Eier unserer Hühner aus und malte sie bunt an. Auch wir durften mit Ostereier bemalen. Doch bevor es losging, band Mutti uns ein großes altes Bettlaken um und dann versuchten wir, Muttis tolle Ostereier nachzuahmen. Und tatsächlich, auch unsere Ostereier wurden hübsch bunt, aber auch das Bettlaken.

Wenn während der Osterzeit auch noch die Forsythien blühten, schnitten wir für die Vase ein paar Zweige ab und hängten die bunten Eier da an. So wusste jeder, der die Wohnung betrat und die bunten Eier sah, ja, es ist Osterzeit. Gleichzeitig waren die bunten Ostereier an den gelbblühenden Forsythienzweigen ein will-kommener Farbtupfer in unserer Wohnung. Natürlich bekamen wir zu Ostern nur sehr wenig süße Ostereier. Andere Kinder dagegen, deren Eltern mehr Geld hatten, oder bei denen es weniger Geschwister waren, erhielten viel mehr Eier und Süßigkeiten. Eines Tages sahen wir, wie die Bauern rechts und links von uns Ostereier hinter ihrem Haus im Obstgarten versteckten. Der Bauer rechts von uns tat dieses schon einen Tag vor Ostersonntag. Er hatte im Obsthof sein Brennholz aufgestapelt, dort versteckte er sehr gerne die Eier. Mein Bruder und ich wollten uns diese günstige Gelegenheit nicht entgehen lassen. Abends, als der Bauer seinen Feierabend genoss, sprangen wir über den schmalen Graben und holten uns schon ein paar Ostereier. Als am nächsten Tag die Kinder der Bauern mit dem Eiersuchen fertig waren, passten wir eine günstige Gelegenheit zur Nachsuche ab. Natürlich hatten die Kinder nicht alle Ostereier gefunden. Auch wir fanden in beiden Obsthöfen noch etliche Ostereier, die wir uns genießerisch munden ließen.

Kurz nach Ostern war auch die Zeit der Konfirmationen. Wir Kinder überbrachten dann die Glückwünsche unserer Eltern. Es war üblich, Blumen zu schenken. Meist wurden Blumentöpfe geschenkt. Die beliebteste Blume, die verschenkt wurde, war die Pantoffelblume. Sie blühte wunderbar, hatte aber den Nachteil: In wenigen Tagen war sie voller Läuse und wurde dann in der Regel weggeworfen. Beim Überbringen der Geschenke, der Blumentöpfe, erhielten wir als Dankeschön meist einen Negerkuss, oder wie man heute sagt, Schaumkuss.

Ergiebige Müllabladeplätze im Obsthof

Eine offizielle Müllabfuhr gab es damals nicht. Die Asche vom Ofen wurde entweder auf dem Misthaufen oder im Garten entsorgt. Bei Schnee und Eis diente sie als Streumittel für Gehwege und Straße. Natürlich mussten wir dann, wenn wir das Haus betraten, die Schuhe besonders reinigen oder ausziehen, weil wir sonst die Asche in das Haus und in die Wohnung getragen hätten.

Auch für alte Möbel oder sonstige nicht mehr brauchbare Dinge gab es keine offizielle Entsorgung. Die Bauern hatten keine Probleme, ihren Müll zu entsorgen. All das, was sie für wertlos hielten und nicht mehr benötigten, entsorgten sie in einem Graben hinten bei sich im Obsthof. Auf diese private Müllkippe warfen sie Möbelstücke, Bücher, Geschirr, alte Wanduhren, Besteck, ja sogar alte Taschenuhren. Für uns waren die Müllabladeplätze der Bauern ein magischer Anziehungspunkt. Galt es doch auf diesen Entdecker zu spielen, und eine für uns unbekannte Welt zu erkunden. Wenn wir meinten, die Bauern würden sich nicht mehr hinten im Hof blicken lassen, weil Mittagspause oder Abendessen war, schlichen wir uns über den Graben und stöberten in „unserer" Fundgrube. So manchen wertvollen Schatz brachten wir nach solch einer Entdeckungsreise mit nach Hause. Besonders um die Osterzeit, wenn überall der Muff des Winters aus den Häusern gekehrt und Teppiche und Betten gelüftet und ausgeklopft wurden, gab es bei den Bauern oft auch Aufräumaktionen. Dann warfen sie die überflüssigen Dinge auf den Müll. Wir holten dann diese Schätze und trugen sie stolz nach Hause. Bücher, zudem noch alte, hatten schon immer einen besonderen Reiz für mich, und davon lagen etliche auf der Müllkippe. Aber wir nahmen auch Töpfe, Gläser, Krüge und Taschenuhren mit. Den Wert, den all diese Dinge später einmal haben würden, erkannten wir nicht und retteten all diese Kostbarkeiten nicht in die Zukunft. Ein großer Fehler aus heutiger Sicht! Selbst die Taschenuhren entkernten wir, obwohl sie zum Teil noch liefen. In das leere Gehäuse sperrten wir Brummer, die wir an der aufgewärmten Rückwand des Toilettenhäuschens fingen. Das Gehäuse hielten wir dann ans Ohr und lauschten den brummenden Geräuschen in der Taschenuhr.

Wenn die Eltern ausgingen

An Abenden, an denen unsere Eltern abends ausgehen wollten, übertrugen sie die Verantwortung für uns auf Ingrid. Sie war die große Schwester, und sie hatte auf uns aufzupassen. Ich erinnere mich gerne an solche Abende. Wir saßen oder lagen dann alle zusammen in dem großen Ehebett und fragten Ingrid „ein Loch in den Bauch". Sie wusste ja so viel! Geduldig hörte sie zu. Wir konnten sie all die Dinge fragen, die uns so bewegten. Stets erhielten wir eine Antwort. Waren uns die Fragen ausgegangen, dann holte Ingrid das große alte Buch hervor, unser Lieblingsmärchenbuch.

Wir setzten uns dann im großen Ehebett im Halbkreis ganz nah an sie heran, deckten uns so gut wie möglich mit der Bettdecke zu, und lauschten andächtig und gespannt den Worten. Mucksmäuschenstill hörten wir die Geschichten bis zum Ende. Während des Zuhörens floss so manche Träne, insbesondere dann, wenn sie das Märchen von dem zum Reh verzauberten Mädchen vorlas, dessen Bruder täglich in den Wald ging, um das Reh zu füttern und sie beide gemeinsam über ihr Schicksal weinten. Das war so lebhaft und herzzerreißend, dass wir jedes Mal mit zitterten, wenn der Jäger mal wieder dem Reh nachstellte. Als dann die Geschichte ihr glückliches Ende fand, prasselten unsere Fragen auf Ingrid ein. Warum...., Wieso....., Wo.... usw. In dem Buch waren so viele tolle Märchen, die Ingrid immer und immer wieder vorlesen musste.

Bei dem Umzug nach Wedel kam das Buch leider abhanden. Keiner wusste, wo es geblieben war. Wir alle aber vermissten es sehr. Immer wieder fragten wir unsere Eltern danach, doch auch sie wussten keine Antwort. Leider weiß ich nicht mehr, wie das Märchenbuch hieß. Auch meine Geschwister können sich nicht an den Namen erinnern. Aber wir alle liebten es. Es war bereits damals ein älteres Buch. Soweit ich mich erinnere, war es in der Größe DIN A 4 mit olivgrünen Buchdeckeln, die mit grünen und goldenen

Ornamenten versehen waren. Den vorderen Buchdeckel zierte zusätzlich noch ein Bild. Noch heute schaue ich in Buchantiquariate, aber bis heute habe ich es nicht wiederfinden können.

Die Last mit dem Alkohol

Als Hilfsarbeiter auf dem Bau verdiente Papa nicht viel Geld, und wir mussten sehen, wie wir über die Runden kamen. Wenn Papa am Samstag seinen Wochenlohn ausbezahlt bekam, musste er die Lohntüte bei Mutti abliefern. Sie verwaltete das Geld und wachte eisern darüber. Sie war extrem sparsam, um nicht zu sagen geizig. Papa erhielt von ihr nur etwas Taschengeld für die Woche. Der Grund, weshalb Papa von Mutti nur Taschengeld erhielt, war ein einleuchtender. Auf dem Bau wurde viel getrunken. Gerade am Samstag, wenn der Wochenlohn ausbezahlt wurde, er wurde damals in bar ausgezaht, saßen die Bauarbeiter noch lange in der Baubude und ließen die Flasche kreisen. An Lohntagen tranken die Bauarbeiter häufig Alkohol. Das war damals völlig normal und für viele selbstverständlich. Anschließend torkelten oder fuhren sie schwankend mit dem Fahrrad nach Hause, und so mancher kam dort gar nicht an.

Auch Papa war kein Kostverächter. Wenn er erst einmal angefangen hatte zu trinken, hörte er so schnell nicht wieder auf. Da die Trinkgelage meist am Samstag oder bei Richtfesten stattfanden, gingen wir Papa an solchen Tagen möglichst weit aus dem Weg. Doch es gelang nicht immer. In solchen Fällen hielten wir unseren Mund. Eine falsche Bemerkung von uns, schon reagierte Papa äußerst aggressiv. Da Papa, ohnehin sehr aggressiv veranlagt war, steigerte sich die Aggressivität unter Alkohol um ein Vielfaches. Dann war er völlig unberechenbar, und bei der kleinsten Kleinigkeit rastete er aus, nahm den nächstbesten Gegenstand und prügelte auf uns ein. Ingrid tut heute noch der Rücken weh, weil Papa aus irgendeinem nichtigen Anlass mit dem Besen auf Ingrid einprügelte, bis dieser zerbrach.

Einmal, es war wieder Samstag, war Papa, weit nach der sonst üblichen Zeit, noch immer nicht nach Hause gekommen. Das Essen auf dem Tisch war schon lange kalt. Mutti war voller Sorgen. Vielleicht war ihm etwas passiert. Sie wollte schon uns Kinder losschicken, um nach ihm zu suchen, da tauchte er aus dem Obsthof auf. Langsam, das Rad schiebend und als Stütze nutzend, wankte er auf uns zu. Aber wie sah er aus! Völlig durchnässt, mit Entenflott, das sind Wasserlinsen, bedeckt, schlammverschmiert und stinkend stand er auf wackeligen Beinen vor uns. Er war auf der Heimfahrt betrunken mit dem Fahrrad in einen der Gräben neben den Obsthöfen gestürzt. Wie er es geschafft hatte, da in seinem Zustand wieder herauszukommen, grenzt an ein Wunder, und ist mir heute noch ein Rätsel. Ein Arbeitskollege von ihm hatte später nicht so viel Glück, er ertrank in einem Graben.

Erstaunlich war, dass Papa mit so wenig Taschengeld, das er von Mutti erhielt, noch Geld über hatte, um fast jedes Wochenende zu trinken. Da er auch noch starker Raucher war, musste er von dem Taschengeld auch noch Zigaretten kaufen. Das Taschengeld konnte eigentlich nicht für so viel Bier und so viele Zigaretten reichen. Als ich ihn einmal danach befragte, antwortete er: „Naja, die anderen geben halt immer gern einen aus." Warum er nicht auch einmal an der Reihe war, einen auszugeben, oder wie er es schaffte, sich davor zu drücken, das verriet er mir nicht.

Fanden irgendwo Feste statt, und Papa und Mutti waren eingeladen, dann war Papa in seinem Element. Je mehr Schnaps er intus hatte, desto wilder tanzte er. Dabei konnte er nicht gut tanzen, aber das störte ihn überhaupt nicht! Nicht nur nach der Arbeit oder auf Festen trank er, sondern er ging auch manchmal in die Kneipe um die Ecke, um einen zu „heben." Dort traf er immer irgendwelche Bekannten, und das Mutti gegebene Versprechen, „ich komm gleich wieder!" war schnell vergessen. Dann schickte Mutti einen von uns los, meistens Ingrid, um Papa aus der Kneipe zu holen. Das ging natürlich nicht so einfach. Meist mussten wir doch eine längere Zeit dort sitzen und Papa immer wieder bitten, nach Hause zu kommen. Auch die Süßigkeiten, die wir in der Wartezeit von ihm oder den anderen erhielten, machten den Aufenthalt in der Gastwirtschaft für uns nicht erträglicher, wir schämten uns über das Verhalten unseres Vaters.

Papa bei einer Feier „sehr angeheitert" mit der Nachbarin, Anita L.

Kleider machen Leute

Natürlich musste auch beim Kauf von Kleidung gespart werden. Der geringe Verdienst von Papa reichte nicht aus, alle Kinder immer neu einzukleiden. Und in der Wachstumsphase waren schnell Hose, Schuhe und Pullover zu eng. Deshalb versuchte Mutti mit ihren Strickkünsten so viel wie möglich selbst herzustellen. Doch immer gelang es nicht, für jedes Kind ein Kleiderstück in der passenden Größe zu erstellen. Deshalb war es bei uns normal, dass die kleineren Geschwister die Kleidungsstücke der größeren Geschwister auftrugen. So wurde der Pullover von Ingrid zu Ulla und dann zu mir und danach zu Willi weitergereicht. Natürlich fühlten wir uns in den schon von unseren Geschwistern getragenen Sachen nicht wohl. Besonders schlimm war es für mich später am Gymnasium. Die anderen Schüler kamen in piekfeiner Kleidung zur Schule und ich in ausgebeulten, verwaschenen Hosen oder gestopftem Pullover, wofür ich mich schämte. Schnell war ich Außenseiter in der Klasse, fühlte mich nicht ebenbürtig. Wenn dann die anderen Kinder noch zu mir Proletarier sagten, war ich nicht nur aus ihrem Kreis ausgeschlossen, sondern schloss mich auch selbst aus.

Kirschblüte im Alten Land

Im Mai, wenn die Kirschbäume zu blühen anfingen, erstrahlte das Alte Land in einem Blütenmeer aus Weiß, mit leichtem zartem rosa Ansatz. Das Grün des Deiches, die strahlenden, extra herausgeputzten Fachwerkhäuser bildeten ein Farbenspiel, das seinesgleichen suchte. Am liebsten hätten wir gejubelt, „oh, wie schön ist es hier doch!" Wenn zudem noch die Sonne schien, saßen wir am Deich und schauten den Touristen nach. Das liebten wir, dann war die Welt für uns in Ordnung.

Später, nachdem die Kirschen reif waren, zogen wir oft los und aßen uns an den Kirschen satt. Mit satt meine ich, dass wir durchaus ein Pfund Kirschen und mehr essen konnten. Wenn wir dann satt waren, und der nächste Baum hatte noch bessere, schönere und wohlschmeckendere Kirschen zu bieten, überkam uns wieder der Hunger, und wir aßen noch mehr. Noch heute kann ich ohne Probleme Mengen von Kirschen essen.

Wir fünf, Ingrid, Ulla, ich, Wilfried und Heike im Alten Land

Unsere kleinen Wehwehchen

Natürlich blieben wir Kinder nicht von Krankheiten verschont. Unser Hausarzt wohnte in Steinkirchen. Er war ein ruhiger, gemütlicher älterer Herr, der sich um uns einfühlend kümmerte. Allerdings lag er mit seiner Diagnose nicht immer richtig. Mir bescheinigte er nach dem Abhören einen Herzfehler und verbot mir jegliche Art von Sport. Ich dachte gar nicht daran, mich an dieses Verbot zu halten. Das hätte ja meinen Bewegungsdrang erheblich eingeschränkt. Auch wäre es nicht mehr möglich gewesen, mit anderen Kindern Fangen zu spielen oder um die Wette zu laufen, vom Fußballspielen ganz zu schweigen. All der Sport, den ich trotz des Verbotes betrieb, hat mir nie geschadet.

Ein anderes Mal wies er mich wegen TBC-Verdacht in das Krankenhaus nach Stade ein, dem nächstgelegenen Krankenhaus. Dort lag ich eine Woche, bis sich herausstellte, ich hatte keine Tuberkulose.

In Stade, der Kreisstadt, waren auch die meisten Fachärzte angesiedelt. Dorthin mussten wir mit dem Bus fahren. Dieser war oft überfüllt. Stieg dann an einer Haltestelle eine erwachsene Person zu und fand keinen Sitzplatz, war es für uns eine Selbstverständlichkeit aufzustehen. Hätten wir es nicht gemacht, hätten wir mit Mutti, die uns meist nach Stade zu den Fachärzten begleitete, erheblichen Ärger bekommen. Aber auch die anderen Erwachsenen im Bus hätten mich aufgefordert, aufzustehen.

Der Hausarzt sorgte sich ständig um unsere Gesundheit. Er glaubte, die Wohnung sei für so viele Personen zu klein und außerdem zu dunkel. Um Krankheiten vorzubeugen, verschrieb er uns schon mal das eine oder andere Medikament. Besonders schlimm waren zwei Medikamente, die wir einnehmen mussten. Das eine war Lebertran gegen Rachitis. Jeden Tag mussten wir einen Esslöffel davon nehmen. Er schmeckte fürchterlich. Wir versuchten alle Tricks, uns vor dem Einnehmen zu drücken. Doch Mutti war erbarmungslos, sie passte stets auf, dass wir die Medizin auch wirklich nahmen. So versuchten wir den Lebertran herunterzuschlucken, während wir uns gleichzeitig die Nase zuhielten, aber viel nützte das auch nicht. Noch schlimmer als der übliche Lebertran war der gereinigte. Das war das reinste Brechmittel. Zum Glück mussten wir den nur eine kurze Zeit nehmen.

Das zweite Medikament waren kleine Kügelchen gegen Würmer. Da wir in den Betten so eng zusammen schliefen und außerdem noch nackt, vermehrten sich die Würmer in unseren Därmen wohl explosionsartig. Der Arzt verschrieb uns deshalb diese Kügelchen, von denen wir einen gehäuften Teelöffel pro Tag nehmen mussten.

Schon bei dem Anblick wurde uns ganz anders. Nur widerwillig und mit größter Selbstaufgabe nahmen wir den gehäuften Teelöffel in den Mund. Der Geschmack der Kügelchen war ebenso fürchterlich wie der des Lebertrans. Hinzu kam, dass es nahezu unmöglich war, alle Kugeln auf einmal herunterzuschlucken, denn dann wäre die Prozedur für den Tag überstanden. Nein, der Kugeln waren es zu viele, und außerdem klebten sie am Gaumen fest. Spätestens dann bekamen wir das Würgen.

Die Enge und Dunkelheit in unseren Räumen und unsere vermeintliche Kränklichkeit, die er an unserem blassen Aussehen festmachte, veranlassten den Arzt, uns für einige Wochen in Erholung zu schicken. Vielleicht wollte er unserer Familie damit aber nur etwas Gutes tun. Einmal war ich im Harz, ein anderes Mal mit meinem Bruder in Bayern. Das waren für mich die einzigen Male, dass ich für längere Zeit von zu Hause fort war. Natürlich hatte ich Heimweh, ich war ja erst sechs, bzw. beim zweiten Mal sieben Jahre alt. Das Heimweh aber war schnell vergessen, als ich mich mit den anderen Kindern angefreundet hatte, und wir gemeinsam spielten.

Angst vor Unwetter

Zog ein Gewitter auf, dann packte Mutti alle wichtigen Papiere und das Geld in einen Koffer, setzte sich in die Wohnstube und wartete, bis das Gewitter abgezogen war. Der Grund hierfür war, dass unser Haus mit Reet gedeckt war. Würde da ein Blitz einschlagen, würde es rasend schnell abbrennen. Obwohl unser Haus wie all die anderen auch über einen Blitzableiter im First verfügte, waren schon einige der schönen Reetdachhäuser trotz des Blitzableiters bei Gewitter abgebrannt. Wenn ich an diese „Gewittersitzungen" denke, so habe ich in Erinnerung, dass die Gewitter meist nachts aufzogen. Dann weckte Mutti uns. Wir mussten uns anziehen und lauschten gemeinsam in der Wohnstube sitzend dem Donnergrollen. Ängstlich hofften wir, dass die Blitze, die vom Himmel herunter zuckten, endlich aufhörten. Selbst dann, wenn das Gewitter über uns hinweg gezogen war, und wir es schon in der Ferne hörten, durften wir noch nicht wieder ins Bett gehen. Es dauerte auch nicht lange, dann schwoll das Donnern wieder an. Das Gewitter kam wieder zurück. Meine Eltern sagten dann immer, das Gewitter kommt nicht über die Elbe. Die Elbe bildete wohl eine natürliche Wettergrenze.

Geschichten aus Ostpreußen

Wenn Mutti und Papa aus ihrer Jugendzeit in Ostpreußen erzählten, dann saßen wir alle ganz still und lauschten gespannt den Erzählungen. Für uns war es eine fremde Welt. Die Geschichten die sie erzählten, faszinierten uns, schließlich war es die Heimat unserer Eltern, eine Heimat, in der wir auch hätten aufwachsen sollen, die wir aber wohl nie sehen würden. Sicherlich glorifizierten meine Eltern die Zeit und die Landschaft, in der sie aufgewachsen waren, aber uns beschlich doch bei diesen Geschichten eine gewisse Sehnsucht, diese Heimat auch kennenzulernen.

So erzählte Mutti, wie sie einmal morgens zur Schule ging. Auf ihrem Weg lag eine Kreuzotter. Für Mutti war der Weg damit versperrt. Da Mutti Angst vor der Schlange hatte, warf sie ihren Schlorren, also Holzpantoffel, nach der Schlange in der Hoffnung, die Schlange würde das Weite suchen. Doch die Hoffnung war vergebens. Im Gegenteil, statt sich davon zu machen, suchte die Schlange Schutz in dem Holzpantoffel. Nun war guter Rat teuer. Mutti suchte deshalb nach einem dickeren Stock, nahm diesen und schlug auf den Holzpantoffel ein, bis die Schlange tot war.

Schlangen waren überhaupt ein wichtiges Thema bei uns zu Hause. Beim Bickbeerensammeln hatte ich schon darüber berichtet. Aber Mutti erzählte uns noch ein anderes Erlebnis mit Schlangen. Ingrid war von klein auf mit Fischen vertraut. Sie lebte ja mit Mutti in Zimmerbude. Sie sah, wie Opa den Fang des Tages nach Hause brachte. Gern sah sie den Aalen zu, wie sie sich im Bottich wanden, und das eine oder andere Mal griff sie schon zu, und der Aal wand sich um ihr kleines Ärmchen. Sie hatte keine Angst vor den Aalen.

Eines Tages, Ingrid spielte im Garten, schlängelte sich ein Aal —wie sie glaubte- durch das Gras. Sie wollte ihn fangen. Zum Glück kam Mutti gerade aus dem Haus und schrie: „Nicht anfassen, das ist eine Schlange!"

Geschichten von Papa, an die ich mich erinnere

Eines Tages, Papa war noch ein Junge, sah er im Wald eine Bache, ein Wildschwein, mit Frischlingen, ihren Ferkeln. Er wartete auf einen günstigen Moment und griff sich einen Frischling. Doch mit der Reaktion der Bache hatte er nicht gerechnet. Die schaltete sofort auf Angriff und raste auf ihn zu. Papa ließ den Frischling fallen und gab Fersengeld. Er rannte so schnell er konnte, doch schnell sah er ein, dass er gegen die Bache keine Chance hatte. Zum Glück war in der Nähe ein dicker Baum, auf den er sich schwingen konnte. Dort oben saß er auf einem dicken Ast, während die Bache sich wütend an die Bearbeitung des Baumes machte. Hier saß er dann für einige Stunden, bis die Bache endlich aufgab. Papa war froh, dem wütenden Tier entkommen zu sein. Für ihn war es eine Lehre, so etwas nie wieder zu tun.

Von einer anderen Begebenheit erzählte er immer wieder; von den Abenteuern mit seinem treuen Hund Mohrle. Es war eine Art Spitz, der auf Haus und Hof aufpasste. Bereits damals hatte Papa Kaninchen. Nun eines Nachts weckte ihn sein Mohrle und Papa bekam mit, dass Diebe dabei waren, die Kaninchen zu stehlen. Er nahm sein Kleinkalibergewehr und lief aus dem Haus und wollte die Diebe stellen. Die waren jedoch ebenfalls bewaffnet und eröffneten sofort das Feuer. Papa musste in Deckung gehen und, wie er immer wieder voller Stolz berichtete, sein Mohrle ging mit ihm in Deckung.

Die Umzugsplanung

Im Jahre 1957 beschlossen unsere Eltern, sich ein Haus in Wedel oder Umgebung zu bauen oder zu kaufen. Dann hätte Papa es nicht mehr so weit zur Arbeit. Als unsere damaligen Nachbarn dies hörten, fingen sie an zu lästern. Sie wussten genau, dass wir nicht viel Geld hatten und ausreichend Kapital, um ein Haus zu kaufen, schon gar nicht. Es kamen Sprüche wie: „ Na Max wull du die een Schiethus buun?" Papa kümmerte sich jedoch nicht um die Lästerei, sondern verfolgte sein Ziel hartnäckig weiter. Ich weiß, ich war einige Male mit, Baugrundstücke anzusehen. Aber es dauerte doch einige Zeit, bis unsere Eltern sich entschieden hatten. Schließlich hatten sie ein Grundstück in Wedel gefunden, eine Ackerfläche, die der Bauer als Baugrundstück verkaufte. Nun musste Papa mit dem Bauern nur noch handelseinig werden. Die Grundstückspreise waren zu der damaligen Zeit staatlich geregelt. Die Kommune hatte den Preis für den Quadratmeter in der Gegend, in der wir bauen wollten, auf 90 Pfennig pro Quadratmerer begrenzt. Zu diesem Preis wollte der Bauer allerdings nicht verkaufen, er wollte mehr haben. Offiziell war das verboten. Doch wie Papa so gern sagte: „Wo kein Kläger ist, ist auch kein Richter!" Hiernach handelte er auch in diesem Fall. Er bezahlte dem Bauern, die Summe, die dieser mehr haben wollte, „unter der Hand" also „schwarz." Das waren 25 Pfennig mehr pro Quadratmeter. Die Summe für die 1000 qm Grundstück hatten meine Eltern angespart. Mehr Geld hatten sie nicht. Nun blieb nur noch die Frage, wie die Bank zu überreden war, uns einen Kredit für den Hausbau von 15. 000 DM zu gewähren. Da meine Eltern auch keine Sicherheiten hatten, und Papa nur so wenig verdiente, bedurfte es erheblicher Überredungskünste. Er sprach in dieser Sache auch mit unserem Hausarzt, der sofort seine Hilfe anbot. Er kannte unsere Familie schon lange, und wusste mit welchen Problemen wir zu kämpfen hatten. Um uns mit einem unabhängigen Gutachten zu unterstützen, stellte er uns ein Attest aus. Dieses Attest besagte, dass wir in engsten Verhältnissen wohnen würden und zwei Kinder schon erkrankt seien. Er als Arzt mahnte dringend einen Umzug in andere Wohnverhältnisse an.

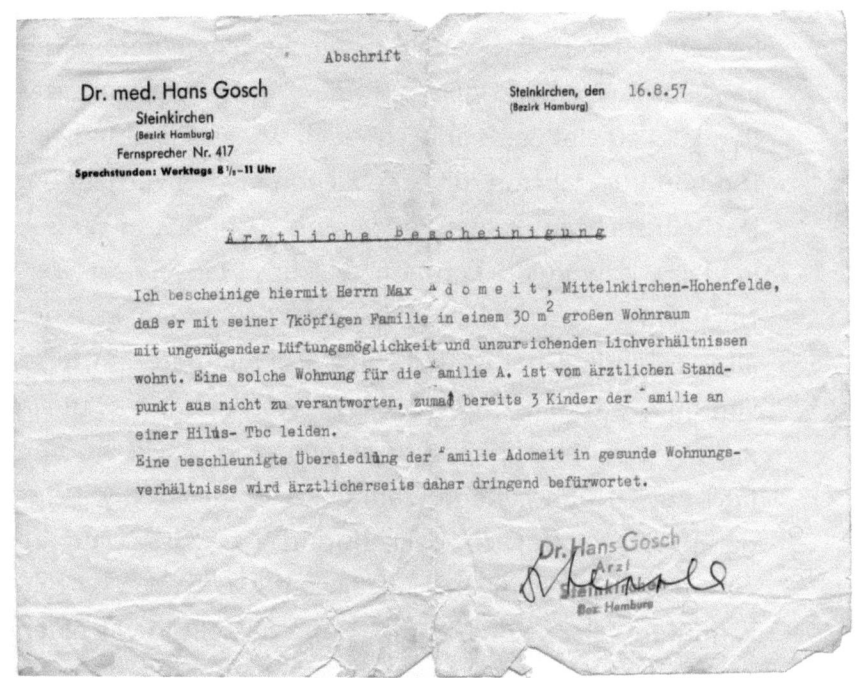

Vielleicht war es das Attest, vielleicht hat der Arzt auch persönlich mit dem Bankdirektor gesprochen, jedenfalls gelang es letztendlich, den Kredit zu erhalten. Die Zeichnung mit allen Unterlagen ließ Papa von einem Architekten in Hohenfelde anfertigen. Dieser wohnte nur wenige Häuser weiter oben auf dem Deich. Papa kannte ihn schon lange und erhielt die Bauunterlagen natürlich zu einem Freundschaftspreis.

Nachdem der Bauantrag von den Behörden in Wedel genehmigt war, konnten wir nun endlich loslegen.

In der ersten Zeit pendelten wir zwischen dem Alten Land und Wedel. Doch auf die Dauer ging mit der Pendelei zu viel Zeit verloren, auch waren die ständigen Hin-und Rückfahrten mit erheblichen Kosten verbunden. Deshalb suchten unsere Eltern eine Wohnung in Wedel, in der wir wohnen konnten, bis das Haus fertig war. Nach kurzer Suche fand Papa eine Wohnung in einer alten Flüchtlingsbaracke, die nur drei Kilometer entfernt von unserem Baugrundstück lag. Zwar bestand auch sie aus nur zwei Zimmern, aber wir wussten ja, wir würden dort nur vorübergehend wohnen. Also machten wir uns daran, die Koffer zu packen und das Alte Land zu verlassen. Die wenigen Habseligkeiten, die wir hatten, kamen in Kartons und Kisten. Dann bestellten wir einen Möbelwagen und ab ging es in die neue Heimat.

Diverse Fotos

Die fünf Kinder auf einen Blick im Jahre 1959. Mutti ist
zur Entbindung von Brigitte im Krankenhaus

Mein Bruder Willi im alten Land

Mutti mit Ingrid als Säugling

Papa in Matrosenuniform

Mama mit neuem Fahrrad in Zimmerbude

Papas Mutter, Oma Ignasiak

Helmuts Vater vor seiner Mühle

von rechts: Helmut, Adelheid und Cousine in Ostpreußen

Opa, Adelheid, Hannelore, Onkel Willi Schöttke, Onkel Willi
Meeske, Tante Herta

Onkel Bruno, Opa mit Onkel Brunos Tochter Gisela

Opa an seinem 88igsten Geburtstag in Wedel

Opa im Februar 1958 in Offenburg

Opa versucht sich im Hula-Hopp.

Von links: Tante Ella, Papa, Mutti, Opa, Tante Herta

Opas 90igster Geburtstag 1978

Von links: Tante Luce, Tante Ella, davor Adelheids jüngster Sohn Martin, Hinter Tante Ella mit Sonnenbrille Onkel Rudolf, dahinter Onkel Bruno, davor Tante Hedwig, hinten links von Opa, Helga Schöttke, Onkel Brunos Frau, dann Opa, neben Opa Adelheid, dahinter mein Bruder Willi, daneben seine Frau Rita, rechts außen Rudi, der Mann von Adelheid

Opa und Erika Weihnachten 1958

Blick auf Zimmerbude

Blick aufs Frische Haff

Hafen von Zimmerbude

Weg ins Dorf Zimmerbude vom Wald aus gesehen

Weg ins Dorf Zimmerbude, ganz hinten die Mühle von Familie Lindtner

Danksagung

Für Hilfe bei der Durchsicht des Manuskripts, der Unterstützung durch Ratschläge und Tipps, durch Erinnern an kleine Episoden sowie durch Überreichung von Bildern danke ich:

Meiner Frau, meinen Kindern, meinen Geschwistern, meiner Cousine Erika, meiner Cousine Margot, meiner Cousine Hannelore, meinem Cousin Helmut sowie den Nachbarskindern Hildegard Lange, jetzt Buchhorn, Ursel Goos, jetzt Busse und Marlies Wriede, jetzt Lühmann, sowie Susanne Hohmann für die Nachkorrektur.

Mein Dank gilt auch Pastor Prigge aus Mittelnkirchen für die Übersendung eines Bildes des alten Pfarrhauses

Gratwanderung zwischen Vertreibung, Flucht und existenziellen Bedürfnissen ist ein Rückblick auf:

Die Flucht meiner Familie aus Ostpreußen,

das Ankommen in der neuen Heimat, dem Alten Land,

das Zurechtfinden in der neuen Heimat,

den Kampf um die Versorgung der Familie und auf

die Jahre meines Heranwachsens und meine Erlebnisse, die meine Kindheit prägten.

9 783744 838498